Minha guerra alheia

Marina Colasanti

Minha guerra alheia

3ª edição

EDITORA RECORD
RIO DE JANEIRO • SÃO PAULO

2025

CIP-BRASIL. CATALOGAÇÃO-NA-FONTE
SINDICATO NACIONAL DOS EDITORES DE LIVROS, RJ

Colasanti, Marina, 1937-
C65m Minha guerra alheia / Marina Colasanti. – 3ª ed. – Rio de Janeiro:
3ª ed. Record, 2025.

ISBN 978-85-01-09091-1

1. Romance brasileiro. I. Título.

CDD: 869.93
10-4136 CDU: 821.134.3(81)-3

Capa: Victor Burton
Imagem de capa: Óleo sobre tela de Marina Colasanti

Texto revisado segundo o novo Acordo Ortográfico da Língua Portuguesa.

Impresso no Brasil

ISBN 978-85-01-09091-1

Para
Lisetta e Manfredo, origem desta história
e para
meu doce irmão Arduino, que a viveu comigo

Sumário

Meus pais casaram sob a mira das metralhadoras. Ele fardado, cartucheiras na cintura, ela tão delgada, de *tailleur* claro e chapéu de menina. A tropa toda formada ao redor. Um tanto atrás dos noivos, os únicos civis são seis mulheres e uma criança, certamente as duas irmãs dela, órfã desde cedo, e as melhores amigas. Reconheço minha avó paterna. Ao lado do meu pai, junto ao altar, o comandante.

Não estavam sendo obrigados, obedeciam às circunstâncias. Voluntário mais uma vez, Manfredo só dispunha de poucos dias de licença antes de partir para a África. Não havia tempo para um casamento tradicional. A missa campal em Piani di Laceno, no altiplano cercado de montanhas, era naquele momento uma alternativa romântica, como romântico era o enorme buquê que ela segura, flores silvestres colhidas nas encostas e enviadas para a noiva por um destacamento de Alpinos acampado mais acima.

A noite de núpcias foi passada numa tenda. Era setembro de 1935.

No verão daquele ano e ainda em setembro, navios levando dezenas de milhares de oficiais e soldados deixaram a Itália rumo a Mogadíscio, na Somália, ou a Massaua, na Eritreia, que alcançariam através do Canal de Suez. Um deles levava Manfredo. O *motto* dos camisas-negras era: "A vida do herói começa após a morte." Mas a vida do meu pai, que acabava de casar e sem que nenhum dos dois o soubesse deixara minha mãe grávida, palpitava mais intensa enquanto, pronto para o heroísmo, ele avançava rumo à guerra.

Em outubro, as tropas italianas partindo da Eritreia e da Somália penetraram na Etiópia, dando início a mais uma etapa das Guerras de Conquista. Quinhentos mil soldados apoiados por artilharia pesada enfrentavam tribos locais mal armadas. Em dezembro, querendo que a tomada da capital, Adis-Abeba, se realizasse antes do início da estação das chuvas, Mussolini dava autorização para o uso de gases tóxicos e lança-chamas. Em maio, com a queda de Adis, o *negus* Hailé Selassié abandonou o pais. No dia 9 de maio de 1936, Mussolini anunciava: "A Itália finalmente tem seu próprio império. Um império Fascista, um império pacífico, um império de civilização e humanidade." E o Rei Vittorio Emanuele III assumia o titulo de *Kaesare Ityopia.*

Sempre me perguntei de onde vinha a paixão guerreira do meu pai. Se de uma visão romântica da guerra, se de pura paixão por aventura, ou se de uma violência interior que só em batalha aflorava. Os que o conheceram, como ator ou antes disso, lembram o homem alegre e generoso, de transbordante vitalidade, sempre disposto à festa e ao amor. Eu nunca o vi de outra forma.

Certamente, transbordava vitalidade aos 16 anos quando, com a cumplicidade do pai, fugiu de casa para juntar-se aos "legionários" que seguiriam o poeta Gabriele d'Annunzio na conquista irredentista de Fiume. Eram mais de mil, dispostos a anexar aquela cidade que a Itália considerava sua e que após a Primeira Guerra lhe havia sido tomada pelo tratado de paz de Paris. Sob o lema "Ou Fiume ou morte!", partiram no dia 11 de setembro de 1919. Outros se agregaram a eles no caminho. Teriam conhecimento da carta que D'Annunzio endereçou naquela mesma manhã ao seu amigo, o então jornalista Benito Mussolini? "Meu caro companheiro, a sorte está lançada! Parto agora. Amanhã de manhã tomarei Fiume pelas armas. Que o Deus da Itália nos assista. Levanto-me da cama febril. Mas não é possível adiar. Mais uma vez o espírito dominará a carne miserável. Sustenha a causa vigorosamente, durante o conflito. Um abraço."

Se meu pai soube dela, nunca me disse. Daquela aventura que durou pouco mais de um ano, me contava outras coisas, episódios juvenis relatados com um entusiasmo de garoto. Como o do cavalo do inimigo, que haviam capturado e comido porque a carne escasseava. E pelo qual, chegado o caso ao conhecimento dos superiores, tiveram que fazer uma coleta para indenizar os legítimos proprietários. Ou de como, escasseando também a munição, cada qual dormia com seu lote de granadas debaixo da cabeça, protegendo-as do avanço dos companheiros. D' Annunzio, me contou ele várias vezes sempre com o mesmo brilho de admiração no olhar, sobrevoando com seu precário avião as posições inimigas atirava as bombas com a mão como se atiram pedras. Embora meu pai nunca tivesse voado com o líder, a aviação incipiente da época permite acreditar nesse relato.

Eu haveria de me lembrar disso adiante, vendo a foto do poeta emoldurada sobre uma mesa no salão do Parque Lage, no Rio. Retratado de pé ao ar livre, talvez em ação, com farda de Alpino, parecia gritar ordens. A dedicatória grafada com firmeza, "*a Gabriella Besanzoni, una voce di battaglia*", era ambígua, podia aplicar-se a qualquer um dos dois.

Manfredo saiu da campanha de Fiume com dois orgulhos: a camisa negra, que sendo uniforme dos legionários se tornaria símbolo e identificação fascista, e algumas cartas de d'Annunzio a meu avô em que o poeta se refere carinhosamente ao "legionário louro". Da camisa, felizmente, nos livramos há tempos. As cartas estão comigo.

Durante muitos anos acreditei tê-las perdido e foi com surpresa que as encontrei quase por acaso junto a outros guardados, metidas num envelope pardo no alto de um armário. Entre elas, uma carta de 1929, absolutamente estranha ao lote e de deliciosa ortografia, em que Marques Junior, no papel de diretor da Sociedade Brasileira de Bellas Artes, comunica ao meu avô "vossa aclamação como sócio honorário d'essa agremiação de artistas plásticos brasileiros", e fala do "enthusiasmo empolgante dos artistas brasileiros e do nosso meio intellectual, pelas vossas magistraes conferencias realizadas na Escola Nacional de Bellas Artes e que foram a confirmação positiva das credenciais que possuis de estheta, de archeologo e escriptor".

As cartas de d'Annunzio são seis, escritas entre 1918 e 1924, quando meu avô era *Direttore Generale alle Belle Arti*. Sem selos, entregues por portador. Três trazem no envelope, abaixo do nome do destinatário, um parêntesis, "*da parte del Comandante d'Annunzio*" ou apenas "*dal Comandante*". A letra é grande e angulosa. Falam de arte e cultura, uma recomenda à atenção do meu avô um jovem pintor florentino que quando necessário havia trocado a pintura pela guerra, outra é um convite para que venha visitá-lo na "*casa rossa*", em Veneza, "seremos só nós dois para conversar", outra desmarca um encontro, impossibilitado por uma reunião militar. O poeta lembra o "legionário louro", e manda um abraço para "*il mio luminoso Ardito, que certo in questi giorni rifreme*" (meu luminoso Ardito, que certamente nesses dias volta a vibrar). Os *Arditi* — palavra que também significa valente, corajoso — eram soldados de um corpo militar criado na Primeira Guerra, voluntários treinados para ações perigosas de assalto, e dotados, além do armamento tradicional, de um punhal. A carta é de 7 de março de 1922.

Quando foi escrita, multiplicavam-se as violentas "expedições punitivas" fascistas contra organizações ou indivíduos de esquerda, de que Manfredo chegou a tomar parte — e pelo que foi preso. Do cárcere, o que mais lembrava era o som metálico que ao amanhecer e no final da tarde repercutia de cela em cela, bater do martelo contra as grades das mínimas janelas, garantindo que nenhuma delas tivesse sido serrada. Em progressiva sequência, o país respondeu com uma greve geral de protesto, as ações agressivas se intensificaram culminando com a Marcha sobre Roma, e o Rei entregou a Mussolini a formação de um novo governo. D'Annunzio estava certo, o "legionário louro" vibrava novamente.

Meu irmão Arduino não nasceu no Império, pelo menos não em sua parte africana. Em agosto daquele ano de proclamações, na cidade toscana de Livorno, em casa de sua melhor amiga, minha mãe deu à luz o primogênito. Quase morreu. O parto ainda era mais perigoso que a guerra. Manfredo, retido pelo dever e pela farda, demorou vários meses para vir conhecer o herdeiro. Quando o fez, Lisetta já embalava seu lindo bebê em Roma, na *villa* dos sogros. Não foi a única visita; entre uma e outra batalha, Manfredo deve ter obtido alguma licença, há fotos dele junto ao poço medieval do jardim, e várias vezes me contou, rindo, dele e do irmão mancomunados como dois meninos pregando peças na jovem mãe, insegura naquele ambiente ainda estranho.

Tinha 23 anos Lisetta, e engravidou pela segunda vez. Um bebê no colo, um outro a caminho, um marido eventual, nenhuma casa que fosse sua, um projeto de mudança. Parece apenas uma situação, era, mais do que isso, o estabelecer-se do modelo familiar. Seria sempre assim, a vida em suspenso, a caminho, nômade. E, como na foto da minha mãe ainda em Roma e já de partida para a Eritreia onde meu pai escolhera viver, aberta em sorriso para o futuro, expectante.

As mãos metidas nas nuvens

O médico que me puxou pelos pés para dentro do mundo morreu em um naufrágio na costa africana, devorado pelos tubarões. Teria sido no Mar Vermelho? Minha mãe me contou a tragédia mas omitiu o lugar. Não eram de grandes registros, meus pais, não deixaram documentos, datas, escritos. Até mesmo minha certidão de nascimento desapareceu. Como a vida, os fatos para eles também eram voláteis. Terei que me servir quase que só da memória. E, em Asmara, a memória estava nascendo comigo.

Fim de tarde, Lisetta entra em trabalho de parto, amigos a levam ao hospital. Manfredo está assistindo a uma luta de boxe. Graças a essa ausência involuntária, sei que, além das festas, das recepções do governador, das caçadas, dos espetáculos, havia lutas de boxe na colônia. Trabalhava-se, também, mas pelo menos lá em casa não era nada tão palpitante que merecesse relatos a serem conservados pela descendência.

O albornoz do meu pai, lã preta bordada de seda, dorme agora entre naftalinas em um baú no meu quarto. Ele o jogava sobre os ombros, complemento do *smoking* em noites de gala. Eu o uso raramente, como são raras as ocasiões de gala no meu cotidiano. O da minha mãe não cheguei a usar. Era de lã branca, bordado em fios de prata, a borla do capuz pesada como uma joia. Foi-se com ela, casulo de um corpo que deixava todas as festas.

Havia de ser reconfortante envolver-se naqueles mantos à noite, quando o ar se faz frio no Planalto de Kebessa, e a altitude de 2.350 metros põe as estrelas quase ao alcance da mão. O clima foi fator determinante para que em 1897 o governador italiano deslocasse a capital, de Massaua — onde a ocupação italiana havia começado — para Asmara. Em Massaua, tantos anos mais tarde, íamos tomar banho de mar. É descer o planalto e ser tragado por um calor escaldante. Como disse em meados do século XIX um oficial da Primeira Expedição Inglesa contra o imperador etíope Teodoro: "Este país é tão quente, que derrete o tutano nos ossos da gente." Mas descíamos assim mesmo, de carro, por uma estrada alucinante, toda curvas, debruçada sobre o abismo. Descíamos para nadar no Mar Vermelho e recuperar nossa identidade peninsular, descíamos porque o mar sempre nos chamou. Não sei se chegamos a utilizar a estrada de ferro que era, com justeza, um dos orgulhos dos colonizadores.

Nos anos seguintes, Massaua haveria de ser destruída mais de uma vez. Primeiro, bombardeada pelos ingleses durante a Segunda Guerra e aleijada pelos alemães que afundaram seus próprios navios para impedir a entrada no porto. Depois, castigada durante os 13 anos em que a guerrilha independentista da Eritreia tentava tomá-la da Etiópia. Não bastasse a destruição, foi depredada, sua base naval demolida e vendida pelos ingleses como butim de guerra. Mas Asmara, declarando-se cidade aberta, sobreviveu intacta.

Em Asmara morávamos em apartamento, opção mais moderna. Meu pai, aliando entusiasmo e confiança no regime, que estimulava investimentos italianos na colônia, havia comprado dois de uma vez, um deles a ser alugado. Talvez fossem até no mesmo prédio, quem sabe, no bairro italiano. Como de costume, nenhum registro do endereço sobreviveu. Nas duas únicas fotos que tenho é noite, minha mãe, rosto erguido para a luz de um grande abajur de pé, está sentada em um quarto de dormir, na ponta da cama. O vestido é preto, fechado, mas o leve drapejo do decote se ilumina com as flores de seda branca que descem do ombro e acariciam a garganta. Estava indo a uma festa. Há uma cortina de *moiré* vedando a janela, uma luminária *art déco* na parede. É um quarto perfeitamente europeu, cuja janela poderia se abrir sobre qualquer rua medieval ou renascentista da Itália.

Quando, em conversas, digo que nasci na África, sei que o interlocutor me vê quase entre choupanas, elefantes ao longe, poeira erguida por um jipe, o sol abrasador recortando a silhueta da savana. A África, para os brasileiros, é sempre um filme de África. A minha África era uma cidade vibrante, divertida, que se modificava a cada dia, à medida que engenheiros e arquitetos erguiam os prédios encomendados por Mussolini para transformar Asmara na Pequena Roma. Uma catedral católica que parece ter vindo inteira da Itália, uma mesquita, e uma grande igreja ortodoxa garantiam o abrigo da fé. Para acolher o corpo e eventualmente alimentar o espírito, um cinema de 1.800 lugares, outro de 1.200, os bares, os cafés, os restaurantes, as *ville* com os jardins floridos de buganvílias, as avenidas e ruas bordejadas de palmeiras e *flamboyants*.

A Rainha de Sabá, que nessa região deu à luz Menelik I, filho do Rei Salomão, não haveria de gostar da invasão italiana, mas sem dúvida se renderia à beleza da arquitetura, à harmonia do conjunto urbano que aos poucos crescia sob a luz cortante e clara do planalto.

Meus olhos eram escuros, escuro era o meu cabelo, e a pele era morena de sol. Mas não por essas razões em casa me chamavam, de vez em quando, *faccetta nera*. Era o título da canção que havia se tornado quase um hino, cantada tanto pelas tropas durante a invasão quanto na Itália e, depois, nas colônias. Se não me engano, chegou até o Brasil jocosamente. "*Si mo dall'artopiano guardi er mare,/moretta che sei schiava tra le schiave,/vedrai come in un sogno tante nave/e un tricolore sventolá pe te.*" E o estribilho: "*Faccetta nera/bella abissina/aspetta e spera/già l'Italia s'avvicina./Quando staremo/ vicino a te/ noi ti daremo un'antra legge e un antro Re.*" (Se agora, do altiplano olhar o mar, bela morena escrava entre as escravas, verá, como em um sonho, muitos navios e uma bandeira tricolor agitada ao vento para você. — Rostinho preto, linda abissínia, aguarde e confie, que a Itália se aproxima. Quando estivermos perto de você, nós lhe daremos uma outra lei e um outro Rei.) Chamar-me *faccetta nera* era uma identificação jocosa que perdurou durante anos, eu era a única abissínia da família.

Isso de ser abissínia vem me exigindo explicações vida afora. Todos se confundem com as denominações Abissínia e Etiópia. Quanto mais com a recém-renascida Eritreia. Na verdade, não há nenhuma diferença entre as duas primeiras, trata-se somente de uma superposição histórica. O mesmo país foi chamado Abissínia desde a Idade Média até o fim da Segunda Grande Guerra, passando depois a se chamar Etiópia.

Quanto à Eritreia, é um país pequeno e antiquíssimo, povoado através dos séculos por sucessivas levas migratórias, entre as quais a do povo de Sabá fundador do reino de Axum, e a dos otomanos e seus vassalos árabes. Eram eles que ali estavam quando, no final do século XIX, a região foi invadida pela Itália e batizada Eritreia — de *Mare Erythraeum*, forma latina de Mar Vermelho.

A segunda estrofe da canção explicitava que lei era essa que os italianos trariam quando chegassem junto à morena "*La nostra legge è schiavitú d'amore...*"(A nossa lei é escravidão de amor...). Muitos levaram essa intenção legislativa ao pé da letra. Já em 1935, em Asmara, 3.500 italianos haviam produzido 1.000 mestiços. Lembro de outra musica que mais tarde cantei, porque a letra parecia brincadeira de criança: "*Ah, Zighipaghi Zighipú, l'italiano non ci stette a pensar su./*

Se la prese per la mano,/ la condusse poi lontano/sotto un albero laggiù./Zighipaghi Zighipú." (Ah, Zighipaghi Zighipú, o italiano nem parou para pensar./Pegou ela pela mão,/e a levou longe,/lá longe debaixo de uma árvore./Zighipaghi Zighipú).

As duas canções representavam bem o espírito "*italiani brava gente*", com que os italianos gostavam de se ver como colonizadores. Mas uma coisa eram os indivíduos, outra, o regime. E o regime não gostou de *Faccetta Nera.* A música popular, que havia nascido em dialeto, e que com o sucesso ganhara diversas versões dialetais, contrariava seus interesses, quer instigando à miscigenação, quer ignorando o fascismo, que só era mencionado no último verso. Temendo que levada pelo entusiasmo musical e pelo impulso dos sentidos a África Oriental Italiana se transformasse em "um império de mulatos", o regime desenfornou novas leis. Vetaram-se "relações conjugais" entre italianos e nativos, anularam-se casamentos já existentes, e proibiu-se ao pai italiano reconhecer, adotar, ou dar seu sobrenome a filhos mestiços.

Nada disso teve adesão sobre a canção. Combatida pelo poder, *Faccetta Nera* continuou fazendo sucesso e ganhando novas gravações, enquanto à sombra de árvores distantes muitos casais abraçados a cantavam em surdina.

Suponho que meus pais tenham saído por Massaua, subido de navio o Mar Vermelho, atravessado o Canal de Suez e alcançado o norte do Egito. Podem ter escolhido outro percurso, embora esse fosse o mais viável para aquele tempo de poucos aviões. Seja como for, o fato é que os tenho no álbum sentados com três amigos no chão seco, à sombra de árvores ralas durante uma caçada na região de Al Mansurah. Eu disse sentados, mas não é certo, só as duas mulheres estão sentadas, os homens esparramam-se. Estão todos visivelmente exaustos, caras fechadas, destroçados pelo calor. Ali também, o tutano corria riscos. Estiveram caçando, mas não se vê nenhum troféu. Nem cadáver de fera, nem fieira de pássaros. Provavelmente, não pegaram nada. E a sombra é vertical, a manhã já se foi.

"Espantei as gazelas", me disse minha mãe da vez em que lhe perguntei se também gostava da matança. Referia-se a outra caçada, outro lugar, outro grupo de amigos. Haviam passado a noite inteira tocaiados nas árvores, à espera dos animais que o alvorecer traria ao bebedouro. Antes mesmo da luz, vieram os primeiro ruídos anunciando a presença dos que tinham sede. Eram as gazelas chegando. "Tão bonitas, tão delicadas...", minha mãe sorriu com a lembrança. "Tive pena, deixei cair a cartucheira." Com o barulho, os animais saíram em debandada espadanando água. Não voltariam naquele dia, a presa estava perdida. E, sem saber que havia sido de propósito, os companheiros de tocaia esbravejaram apenas contra a falta de talento feminino para aquele esporte de homens. De qualquer maneira, perdida a presa, não se perdia o programa, a caçada em si, o planejamento, o jipe carregado, a viagem. No chão árido de Al Mansurah, diante da minha mãe, está pousado o capacete colonial de lona branca enfeitado de um lado por duas penas coloridas, que ela tirou para aliviar-se do calor. O capacete também era parte do programa.

Ninguém sabe o que é cheiro de camelo, até tocar num deles. Adulta em viagem, acariciei um, e o que havia sido um gesto espontâneo de simpatia quase pôs a perder para sempre nossa relação. A intensidade fétida daquele cheiro impregnou minha pele por horas e horas, vencendo sabonetes e perfumes, e afirmando, como uma tatuagem, o poder da vida selvagem.

Também os camelos fizeram parte da vida na colônia. Minha mãe, porém, na foto em que está sentada a bordo de uma dessas "naus do deserto," como eram chamadas, não parece nem acostumada com sua montada, nem feliz. Não sei se por medo, ou se por já ter conhecimento daquilo que eu só aprenderia bem mais tarde, mantém as mãos firmemente entrelaçadas, pousadas no colo.

Foi a camelos que se recorreu durante a invasão italiana da Etiópia, quando a quase total inexistência de estradas tornou inúteis os meios de transporte mecanizados. A demanda inusitada levou à importação de animais, gerando um *boom* surpreendente no mercado cameleiro do Oriente Médio e do Sudão, país vizinho da Eritreia governado então pelos ingleses.

Mas os fiéis ruminantes teriam seu quinhão de glória. Quando, em 1937, a Itália festejou afinal a conquista da Etiópia com uma grande parada militar que, não por nada, lembrava os desfiles dos antigos Césares vitoriosos, tropas africanas montadas a camelo desfilaram na Praça Veneza, diante do monumento a Vítor Emanuel.

Todos de branco, cabeças coroadas por turbantes que envolviam os lados do rosto descendo em echarpe sobre a garganta, aqueles homens escuros, mais caucasianos que negros, avançaram nos altos camelos ajaezados com franjas, dando aos italianos a sensação equivocada de que a guerra havia valido a pena.

Eram os *meharisti*, destacamento montado dos *ascari*. Essa palavra, *ascari*, sempre habitou minha vida, mais do que apenas como uma palavra, como algo quase íntimo, palpável, que imediatamente me remete à África familiar. Está ligada a uma faixa de lã vermelha, macia, que tempo e luz não domam. Hoje como ontem é brilho de papoula que me envolve a cintura. Tínhamos em casa três dessas faixas, com que eu brincava quando criança inventando fantasias. Duas sumiram entre guerras e mudanças. A terceira, com que me enfeito às vezes, estabelece comigo um diálogo intenso e silencioso, contato com o começo distante, reconhecimento. Essas faixas faziam parte do uniforme dos *ascari*.

A princípio um grupo mercenário do Império Otomano, os *ascari* foram anexados ao exército regular italiano no final do século XIX, quando começou a colonização. Não foi exatamente uma anexação, houve uma compra, incluindo armamento e famílias. Guerreiros impecáveis, fidelíssimos, tiveram um papel importante na presença italiana na África. E pagaram caro por isso. Quando, em 1896, a Itália perdeu a terrível Batalha de Ádua, contra a Etiópia, 800 *ascari* foram feitos prisioneiros. Para puni-los por lutar ao lado do invasor, os etíopes amputaram o braço direito e a perna esquerda de cada um deles. Os *ascari*, quase todos eritreus, jamais esqueceram, e seu ódio teve oportunidade de se manifestar nas três guerras seguintes que castigaram os dois países.

"Eu gostava muito dos *ascari* do meu pequeno grupo; e eles também, acho, de mim", escreveu em um artigo, uma dezena de anos atrás, o brilhante jornalista Indro Montanelli, que lutou na conquista da Etiópia. Certamente nem tudo há de ter sido bem-querer entre italianos e *ascari*, mas foi uma relação de respeito e admiração a que me chegou através das conversas familiares. E a Itália tentou demonstrá-lo, instituindo em 1950 uma aposentadoria para 140 mil *ascari*. Dinheirinho pouco, pago na embaixada em Asmara, mas que tinha um duplo valor no país empobrecido.

Durante a maior parte da minha vida fui etíope. Italiana de família, registro e identidade, de olhar e de cultura, italiana antes de mais nada. Mas, além de italiana, etíope, *faccetta nera*. Sei da emoção, a primeira vez que visitei Israel, em maio de 1991, quando era recente a operação de resgate dos judeus etíopes. Pedi para vê-los, me levaram a uma escola onde mães e filhos estudavam hebraico para enfrentar a vida em seu novo país. As mulheres cobriam-se com o pano branco tradicional que as envolve inteiras, corpo e cabeça, casulo que abandonariam mais adiante mas que ainda as protegia em meio a tanta estranheza. Olhei aqueles rostos severos, alongados, aquelas mãos finas. Pensei, assim são os meus. E me envergonhei do pensamento, porque elas não teriam me aceitado como sua nem permitido que eu dissesse: "Também sou etíope."

Historicamente, deixei de sê-lo em 1993, quando a Eritreia declarou enfim sua independência. Mas minha consciência foi puxada pelos cabelos antes disso. Outubro de 1985, Affonso e eu em Washington para um congresso de literatura Brasil/Portugal, tomamos um táxi. O motorista é conversador, logo pergunta de onde somos. "Brasileiros", responde Affonso. E acrescenta, jocoso, sabendo que isso sempre causa surpresa: "Mas ela é etíope." "Etíope?" Uma surpresa diferente na voz do taxista, que indaga: "De que cidade?" Sempre, quando me fazem essa pergunta, respondo sabendo que não ligarão minha resposta a qualquer conhecimento prévio, e me pedirão para repetir apenas pela beleza do nome desconhecido. "Asmara", respondo.

Mas ele tem conhecimentos prévios, ah! se os tem. É um eritreu exilado, vive em Washington com outros compatriotas que tiveram que deixar o país por questões políticas. E me passa uma descompostura educada porém firme: "Você não deve se dizer etíope se nasceu em Asmara. Asmara é a capital da Eritreia. E a Eritreia está em guerra com a Etiópia. Uma guerra dura. Muitos estão morrendo para conquistar nossa independência. Você não sabe disso?" Não, eu não sabia, pouco se fala da Eritreia no mundo. Nem ele soube que ali, naquele táxi, tive que dizer adeus a um país, e assumir outro.

Deixei de ser etíope, e, assim mesmo, que emoção quando recentemente o médico David Souza, dos Médicos Sem Fronteiras, veio me visitar. Veio porque soube por pessoas amigas que eu estava escrevendo este livro, e ele acabava de regressar de uma missão de três meses na Etiópia do Sul. Teríamos muito que conversar. Me trouxe de presente seis xicrinhas de café — para o *macchiato*, como dizem até hoje em Addis — e o relato de sua estadia nas terras áridas onde a fome persiste embora já não se fale nela, da sua passagem nas terras férteis plantadas de flores e de morangos para exportação e para consumo nos hotéis estrelados da capital. Durante horas, debruçada através da voz dele sobre aquela gente, sobre as mulheres tão magras com seus magros bebês, tentei amorosamente rever uma verdade que não havia visto. E me perguntei em silêncio até onde pode a história alterar nosso pertencer.

Os pés molhados de mar

De Asmara, Manfredo, que trabalhava na Confindustria (Confederazione Generale dell'Industria), foi transferido para Trípoli, e novamente a família mudou-se. Dessa vez, uma casa rodeada por jardim. Não sei como é possível lembrar já que eu era tão pequena, mas lembro. Um muro alto e branco, um cacto enorme junto ao muro, um poço, três degraus para a cozinha, um cão.

O cão era um pelo-de-arame que vinha me acordar de manhã. Não se chamava Zemba. Zemba foi outro, um pequeno galgo italiano magro e sempre trêmulo que tivemos depois. Fazia jus ao significado africano do seu nome, "mosca". E, como mosca, pousou onde não devia. Fomos passar uma tarde em casa de um amigo de Manfredo, Zemba junto. Mas o amigo criava um leão recolhido na savana quando filhote, e, embora as barras da jaula fossem fortes, Zemba, curioso e tão delicado, era mais magro que a distância entre elas. Não presenciei a cena, ainda assim, toda vez que cruzo com um galgo na rua — e agora parece que os galgos italianos estão na moda — penso naquele que tive e que o leão comeu.

Trípoli era completamente diferente de Asmara. Aquela com as mãos metidas nas nuvens, esta com os pés mergulhados no mar. Um oásis, na verdade, fértil embora quase bafejado pelo deserto, abrigando a cidade moldada por várias culturas superpostas, várias invasões e domínios. Uma cidade toda branca, cintilante ao sol e recortada pela sombra exata das arcadas. Uma cidade de avenidas e palmeiras, mediterrânea. E próxima da Itália. Tão próxima, que minha mãe logo decidiu viajar para lá, e embarcou levando Arduino e deixando-me aos cuidados da babá e de Manfredo. Queria descansar do calor, me disse meu pai tantos anos depois, quando ela já não poderia contestar, porém sempre desconfiei que fosse represália por algum caso aprontado por ele.

Gostaria de acreditar que só devido à ausência materna pôde acontecer o caso do macaco. Mas é provável que não. Havíamos nos instalado na casa fazia pouco, eu ainda cabia no berço. E no berço fui deixada ao ar livre, espero que à sombra, para tomar ar fresco no jardim. Babá ausente, pai distraído, eu agitava as perninhas compensando a solidão com um pedaço de pão que ia chupando aos poucos. Passou um tempo. No primeiro andar da casa, Manfredo aproximou-se da janela, mais por acaso do que para verificar como eu estava. E da janela viu, trepado na beira do berço, um macaco que se debruçava tentando arrancar o pão da minha mão. Manfredo sempre afirmou que não teria havido tempo para me defender de outro modo. Antes que o macaco me machucasse, pegou o revólver na mesa de cabeceira, e atirou. Cada vez que me contava a cena imitava o gesto do macaco, dobrando-se sobre si mesmo, levando as duas mãos ao peito e voltando-se como se fosse se afastar. Ele, que parecia não guardar nenhum remorso pelos tantos tiros disparados nas guerras, sofria relembrando o animal ferido que, afinal, estava apenas querendo um pedaço de pão.

Próxima da Europa, Trípoli oferecia uma vida bem mais cosmopolita que Asmara, efervescente. A intenção do regime era clara, fazer dela não apenas um apêndice, mas uma parte viva da Itália. Durante tantos séculos colônia da Roma imperial, visíveis as ruínas que relembravam sua história, trazidas à luz sob o comando do meu avô quando à frente das Belas-Artes, parecia quase um direito natural reincorporá-la. Toda uma estrutura de turismo havia sido montada para mostrar as belezas do país, mas sobretudo para dar visibilidade ao trabalho dos novos colonizadores. Os teatros mantinham uma programação invejável. No festival de cinema que exibia as últimas produções internacionais faziam sucesso os filmes americanos. Revistas eram editadas, uma delas assinada por Marinetti. E a cidade toda vibrava com o Grand Prix de Trípoli, invadida por pilotos e visitantes do mundo inteiro. Meus pais, apaixonados por automobilismo como era moda, iam assisti-lo no novo circuito construído no Lago Mellaha, torcendo para ganhar a loteria acoplada ao resultado da corrida. E completavam a noite nas grandes festas oferecidas pelo governador Italo Balbo aos visitantes e às pessoas ilustres da colônia, debaixo de tendas forradas de tapetes, à luz de archotes acesos, sob o olhar vigilante dos *ascari* engalanados. Leio, em um livro da jornalista Miriam Mafai, o menu de um almoço oferecido por Balbo a Mussolini por ocasião de uma visita deste a Trípoli: "Caviar Molossol, Fígado de Ganso, Caldo Imperial, Robalo à *Mare Nostrum* com Maionese, Frango de Monza com Alcachofras à Indígena e Ervilhas *Tripolinas*, Bomba Faccetta Nera, Doces Sortidos, Fruta e Café". Resulta quase *naif* o evidente desejo de fundir numa mesma mesa ambição cosmopolita e cultura colonial.

De manhã, quando Manfredo devidamente ataviado de terno e gravata saía para trabalhar, já havia fila diante do cassino, aguardando o abrir dos portões. Eram as donas de casa, me contou minha mãe, que esperavam multiplicar no pano verde os caraminguás destinados às despesas domésticas do dia.

Cosmopolita, mas sempre África. E caçar continuava sendo um programa de sucesso. Mais tarde, no Brasil, toda vez que se falasse em cobra como delícia gastronômica, Manfredo repetiria a história de sua antiga frustração. Haviam saído para uma caçada, ele, minha mãe, um grupo de amigos. E durante a caçada, embora buscassem outros animais, depararam com uma cobra, mais que cobra, uma respeitável sucuri ou similar. Estava plácida, a pobre, certamente digeria alguma refeição prévia. Ainda assim, havia de ser considerada perigosa e, sendo perigosa, esmagaram-lhe a cabeça com a coronha de um fuzil. Em seguida, já antevendo maneiras de cozinhá-la, foi metida num saco e jogada dentro do jipe estacionado, enquanto a caçada prosseguia. Demoraram muito a voltar, talvez arrastando algum butim, mas, quando foram empurrar o saco para abrir espaço, o sentiram vazio. Onde havia se metido o ofídio? Procura e procura, estava enfiado debaixo do banco, com a metade deslizando para dentro do estepe. Uma sobrevivente. Constatados o heroísmo e a falta de periculosidade da cobra, já ninguém teve mais coragem de matá-la, e foi decidido que iria para a casa de um dos amigos, onde na certa, dado o estado lastimável da cabeça, em breve morreria. Não morreu. Inutilmente meu pai lhe fez numerosas visitas esperando encontrá-la pronta para a panela. Abrigada num viveiro cercado de tela, alimentada generosamente com seres vivos, a cobra não só se recuperou, como ganhou um certo ar beatífico. Ainda estava viva quando minha família deixou Trípoli.

A vida era bela na colônia, mas ventos cada vez mais pesados sopravam da Europa. Em 38, quando ainda estávamos em Asmara, o *Manifesto da Raça* havia sido publicado na Itália, dando início a práticas antissemitas. Era uma decorrência evidente da visita feita por Hitler poucos meses antes. Uma das melhores amigas da minha mãe, colega de universidade, seria levada com seus dois filhos para um campo de concentração italiano, não duro como os alemães, mas sempre campo. Só ela e, consequentemente, as crianças eram judeus; o marido, ariano, oficial da Marinha, continuou livre servindo à pátria.

Na primavera do ano seguinte, a ordem dada por Mussolini para a invasão militar da Albânia deve ter parecido aos italianos da África, quase todos fascistas e todos confiantes no regime, mais um ato colonizador, um simples e quase meritório ampliar das fronteiras. E certamente se orgulharam com a assinatura da aliança entre Itália e Alemanha, o "Pacto de Aço".

Porém em setembro, enquanto minha família anotava meu segundo aniversário, a Alemanha agrediu a Polônia, e logo Inglaterra e França declararam guerra à Alemanha. A Segunda Guerra havia começado.

Meus pais não tinham como desconhecer o perigo que a aliança tornava iminente. Ainda assim, não tomaram nenhuma atitude imediata. No ano seguinte continuávamos em Trípoli, na casa de alto muro, e o cacto se preparava, indiferente, para a próxima floração.

Em março, Mussolini encontrou-se com Hitler. Em abril, a Alemanha atacou a Dinamarca e a Noruega, e prosseguiu com Bélgica, Holanda, Luxemburgo. Meus pais começaram a organizar o regresso à Itália.

Em maio de 1940, meu pai fotografou Lisetta num grande terraço ao ar livre, espaço de algum hotel ou restaurante. As mesas metálicas ao fundo estão vazias, as cadeiras encostadas. No rosto dela, nenhum sorriso. Olha ao longe, talvez para o mar que se entrevê além de uma avenida, talvez para as arcadas da cidade que está prestes a deixar. Não abandonou a bolsa, e certamente está fresco, porque veste um mantô branco. É alguém que se despede. Mais uma vez está pronta para partir.

Exatamente uma semana antes de a Itália declarar guerra à França, paramos os quatro no cais, frente ao mar onde um hidroavião nos esperava. Havia sido decidido que Manfredo ficaria em Trípoli, aguardando o evoluir da situação e a sua própria transferência. O hidroavião era um trimotor, modelo Cant. Sei disso agora, porque Arduino me contou. Para mim era só uma criatura metálica sem nome, ondulando escura e mansa sobre as marolas do porto. O bote que nos levaria até ele estava amarrado ao cais por uma corda.

Só Arduino e eu sentados nos bancos de madeira, os adultos atardam-se em despedidas. Sinto o assento úmido debaixo da palma da mão. E de repente meu irmão começa a balançar o bote propositadamente, para me assustar. Não sabe que recorre ao meu medo visível para continuar ignorando aquele oculto que lhe vai na alma, assim como não sabe estar marcando para sempre, com um susto, a minha despedida da África.

La bambina dell' Albergo Boston

"*Io sono una bambina che abita all'Albergo Boston*", eu repetia bem treinada quando os familiares perguntavam o que faria caso me perdesse. Procuraria um policial e lhe diria: "*Signora guardia , io sono...* etc". Os familiares me faziam repetir, não por medo de que eu, de fato, me perdesse, mas porque achavam engraçado o "*Signora guardia*". Não havia mulheres na força policial daquele tempo, eu fazia a concordância instintivamente com o *a* final de *guardia*, que em italiano denota o feminino. Ainda não conhecia gramática, era bem pequena.

Chegando da África não havíamos alugado casa. Embora minha avó e meu tio morassem em Roma, em um enorme apartamento antigo, pareceu fora de questão que fôssemos para lá. Meu pai continuava em Trípoli, sua permanência dependia do andamento da guerra. Tudo era temporário. Aluguel ou compra haviam de parecer temerários para quem já tinha dois apartamentos em Asmara e uma casa em Trípoli. Enquanto se decidia o que fazer, nos instalamos no Hotel Boston.

Era grande, sombrio e veludoso. Pesados reposteiros cor de sangue separavam os salões, e recolhiam os sons que porventura ousassem se esgueirar entre poltronas e sofás. Havia poucos hóspedes, ou talvez, discretos, pouco aparecessem. Mas as toalhas da sala de jantar eram impecavelmente brancas, e à hora em que fazíamos nossas refeições com a babá, cedo ainda para os adultos, as mesas alinhadas e vazias ofereciam um cintilar de banquisa.

Que encantamento essas refeições! Era um mágico ou um garçom que com mão enluvada de branco levantava em gesto ritual a cúpula de alpaca, oferecendo-me uma comida sempre insuspeitada, mais que uma comida, uma surpresa? Conservo desde então uma secreta cumplicidade com essa quase prata das baixelas de hotel, arranhada, ferida, e incansavelmente polida por flanelas.

Havia um hóspede no hotel, que se destaca naquele quadro como se fosse o único. Era um senhor alto e magro, que nos dava caravelas de presente. Ele as fazia na nossa frente com habilidade para nós fascinante, usando uma casca de noz para o casco, um pingo de vela no fundo para segurar o mastro de palito e a vela enfunada, de papel. As caravelas, que nós chamávamos apenas barco, enfrentavam com valentia as ondas da banheira.

Foi na época do Hotel Boston que meu irmão menor nasceu? Só pode ter sido. Meu pai veio da África. Não guardo nenhuma surpresa pela presença dele, mas lembro o claro quarto do hospital, a janela entreaberta embora fizesse frio, e meu pai dizendo que tinha que ficar assim para a cegonha entrar. A cegonha entrou, migrante vinda da África como nós, e deixou nos braços da minha mãe um menino Down.

Partimos de Roma e era verão. Em setembro de 1940 eu estava em Porto San Giorgio, tinha ganho de aniversário um carrinho de boneca de vime, prendia o cabelo de lado com uma fita, e olhava a máquina fotográfica de frente. Minha mãe me achava gorda. Não era. E estava queimada de sol.

Cidade pequena de pescadores e veranistas, Porto San Giorgio foi inscrita na vida da família por meu avô. Homem interessante esse Arduino Colasanti que nem cheguei a conhecer, de quem meu irmão herdou o nome e eu os olhos verdes. Historiador da arte, catedrático na Universidade de Roma, autor de numerosos livros, havia chegado àquele mar levado por sua paixão pela arte do século XV, sobretudo a daquela região — do seu livro sobre a cidade medieval de Gubbio fiz uma citação carinhosa em ilustração do meu livro *A mão na massa*. Passou em Porto San Giorgio muitos verões. Tantos anos antes daquele 1940, ele também olha para a câmera, composto no conjunto estivo da época, paletó marinho e calças de linho branco, ao lado da minha avó que se protege do sol debaixo do chapéu de abas largas, vestido branco quase longo, meias e luvas brancas, sapatinho de salto. Assim saía-se a passear em calçadas de ruas ainda sem pavimentação. Se eu disser região de Marche, nada evoco para o leitor brasileiro, mas se eu disser mar azul-cobalto, doce mar sem ondas, tão claro que ao largo ainda se vê a areia do fundo, se eu disser Mar Adriático, costa oposta à da antiga Iugoslávia, acho que nos situamos.

Fomos para lá porque era verão e no verão o mar é imperativo para os italianos. Ficamos porque parecia seguro. Naquele momento era fácil crer que inimigo nenhum se lembraria de atacar aquela pequena cidade pesqueira, tão modesta que nem porto tinha. Quem se interessaria por ela? E no entanto.

Novamente nos instalamos em hotel. Ocupamos três quartos, a quase totalidade do primeiro andar do Albergo Vittoria, que contava ainda com um banheiro e uma sala. Sobrevoava a sala um grande lustre em feitio de avião, feito de contas de vidro esverdeadas. Era um toque de modernidade que antecedia a guerra.

O toque de modernidade começou a tilintar estranhamente um dia, ao anoitecer. Tilintava o lustre como se quisesse alçar voo, tremia a água no copo, uma cadeira caiu. Gritos, a súbita instabilidade do piso, uma sensação densa, interna, vinda de antigos sentimentos. O terremoto fez correr todos para o ar livre, a praça diante do hotel encheu-se de gente. É provável que tenha sido o Vesúvio, seu nome está associado em mim a essa lembrança. De todo modo, distante o epicentro, nada de grave aconteceu. Nos dias seguintes os móveis estavam empoeirados, meu dedo deixava caminhos de lesma na superfície. É a cinza do vulcão, me disseram, e eu acreditei. Mas talvez estivessem brincando comigo.

Ao Albergo Vittoria eu haveria de voltar, guerra acabada. E voltaria mais uma vez, tantos anos depois, com Affonso e nossas filhas. O velho dono, que com dedos gordos recheava azeitonas e que comandava as operações da cozinha, o velho dono que em fins de tarde colocava a cadeira na calçada do lado de fora do seu hotel, para quentar sol e posse, o velho dono havia morrido. E havia morrido a mulher dele, roliça e vestida de preto que tantas vezes vi ajudando a esticar os lençóis e a dobrá-los. A filha dos dois, como os dois gorda e grande, diligente professora primária, havia ido morar longe, com a filha, minha companheira de brincadeiras no pátio cheio de patos ou na grande sala de jantar vazia. E a camareira-chefe, espécie de mordomo do hotel, que ensinou minha mãe a bordar uma enorme borboleta no ombro de uma suéter vermelha, havia-se aposentado. Velhinha, morava no campo. Anos depois, quando também morreu, me foram enviadas, do seu espólio, quatro fotografias de um tempo que havia sido nosso.

Nenhuma dessas ausências, porém, transparecia quando estacionamos o carro diante da porta. O hotel continuava quase igual ao que havia sido, com o mesmo nome, as mesmas paredes pintadas de verde brilhante, embora sem o picotado dos furos de balas que havia me surpreendido na primeira volta.

Dessa vez, família brasileira indo ao encontro da infância da mãe, subimos àquele mesmo primeiro andar, ocupamos dois quartos. Nada do que eu dissesse teria dado consistência de vida às imagens daquele passado tão presente para mim. Ainda assim, falei dos furos de balas, de como subiam pela parede da escada e se espalhavam pelo andar todo. E contei do lustre em feitio de avião a partir do qual meu irmão e eu havíamos construído tantas viagens fantásticas. Já não estava lá. Mas é certo que, não tendo participado dessas viagens, teria parecido às minhas filhas apenas um objeto decorativo de péssimo gosto.

A dona do hotel esticava lençóis. Um lençol limpo que secou ao sol traz cheiro de sol nas fibras. E no escuro do quarto parece luzir como se ainda não se tivesse apagado de todo a luz que o enxugou. Abrir sobre a cama um lençol assim consagrado exige gestos de reverência.

Gestos que antecedem as máquinas de lavar e de secar.

A roupa de cama, os guardanapos e as toalhas de mesa, a tanta roupa branca do hotel alvejava-se de acordo com a tradição, em enormes tinas de madeira, uma madeira feita pálida e lisa por infinitas lavagens, boa de acariciar. Colocava-se a roupa no fundo da tina, um lençol por cima cobrindo tudo, caindo por fora pelos lados e afundando no centro o quanto bastasse para abrigar uma boa camada de cinzas do fogão. Por cima da cinza derramava-se água fervente, fazendo surgir um vapor de vulcão carregado de antigo cheiro de galhos e raízes, o mesmo cheiro que se entranharia nas roupas brancas da tina antes que, branquíssimas, fossem estendidas para secar.

Às vezes, para não molhar o chão da casa, as mulheres dos pescadores punham suas tinas na calçada diante da porta, e as crianças observavam fascinadas o ir e vir, a água fervente derramada, o desprender-se do vapor. A antiga atividade cerimonial havia adquirido outro sentido com o racionamento do sabão, estabelecido dez dias antes da declaração de guerra. Um sentido de superação.

Os lençóis assim lavados não se passavam. Eram de bom algodão ou de sólido linho e conheciam seu dever. Posicionava-se uma mulher, pés bem plantados no chão, pernas apenas abertas, pulsos firmes, numa extremidade do corredor. Punha-se a outra, pés, pernas, pulsos, na extremidade oposta. Segurando as pontas do lençol de um lado e outro, as duas puxavam, sacudiam, estalavam a vela branca no lusco-fusco do corredor, até tê-la bem lisa. Então a dobravam no comprimento uma e duas vezes, e iam encontrar-se depois a meio caminho, juntando pausadamente as pontas e completando a dobradura.

Porto San Giorgio era uma no verão e outra no inverno.

No verão, praia todos os dias. Já acordávamos com o desejo em movimento, alimentado pelo burburinho de gente e de passos dirigindo-se todos na mesma direção. Não era longe, a praia. Mais distante era o trecho que frequentávamos. Preferíamos andar vários quarteirões pela calçada do *lungomare* até chegar, entre calçada e mar, à Lega Navale. Era o clube. De infalível arquitetura *art décô* imitando um navio — e não eram assim todos os clubes náuticos daquela época? Não é assim nosso Clube Marimbás, em Copacabana, projeto de Lucio Costa? — marcava o ponto de encontro de manhã, e abrigava o carteado das senhoras à tarde.

Guardo dele duas lembranças que se interligam, indissociáveis. Primeiro o clube claro e elegante com sua varanda em curva, o corrimão tubular e as janelas redondas imitando escotilhas. Depois a ruína, o branco navio bombardeado, adernado sobre seus restos, ferros retorcidos. Há uma terceira lembrança, a Lega Navale reconstruída. Mas se as duas primeiras, alegria e destruição, se fundem numa única coisa, resumo de um período, a terceira é apenas decorrência.

O gosto da minha mãe por mar era juvenil e desassombrado, livre do peso administrativo carregado pelas outras mães. Nós éramos sempre as últimas crianças a sair da praia, sol dardejando, fome e cansaço, a pele áspera de sal sob a roupa leve, a distância até o hotel parecendo duplicada. E as únicas que não faziam uma pausa no meio da manhã para comer uma fruta, enxugar-se com a toalha e dar presença debaixo da barraca.

Sem ondas, sem correntes, o mar inofensivo e claro desfazia-se num farfalhar em franja sobre a beira pedregosa. Praia de seixos, mais do que de areia, permitindo a algumas moças o requinte de sapatilhas de borracha. Desejei muito crescer depressa para fazer jus àquelas sapatilhas, mas quando afinal cresci, já não se usavam. Na água a areia fazia-se fina, e o fundo estendia-se raso longamente, ondulado e gentil debaixo dos pés.

Nos meses de calor, a sala de refeições do Albergo Vittoria transferia-se para o ar livre. Ventilado e ainda assim contido debaixo do toldo que cobria o grande pátio adjacente ao hotel, o ar transformava-se em um bloco de luz coada, atravessado pelo perfume dos oleandros e o cheiro de peixe frito. O corpo amansado por sol e cansaço se entregava à zoeira das vozes, ao bater das louças, sabendo, em seu torpor, que haveria sono depois e que no dia seguinte ainda seria verão.

No inverno, desaparecidos os veranistas, Porto San Giorgio era devolvido à sua pequena rotina. Protegiam-se do frio as folhagens das palmeiras envolvendo-as em esteiras de palha. Na falta de coisas mais palpitantes, as crianças voltavam a se interessar pela Miona, a velha louca que urinava no meio da rua, de pé, apenas abrindo as pernas sob sua saias longas. Novamente brincávamos soltos na praça diante do hotel. Ao centro, o monumento aos mortos de outra guerra — os da Batalha de Mentana, derrota de Garibaldi que tentava libertar Roma — era um dócil acúmulo de escadas e recortes arquitetônicos encimados por um obelisco, que se deixava transformar por nós em castelo, cavalo, casa, montanha ou veleiro.

Mas a noite chegava cedo e era preciso regressar ao hotel. Os adultos jogavam cartas depois do jantar, minha mãe pedia que mergulhassem na água quente a laranja que de tão gelada lhe doía nos dentes, o mar aprontava ondas cor de chocolate, e havia sempre um barco que demorava mais do que os outros a regressar.

Meu pai continuava em Trípoli. Veio algumas vezes, no princípio. Lembro de acordar uma manhã e vê-lo ao pé da cama. Lembro da vez em que nos trouxe pulseiras de prata, uma para mim, pequena, de menina, e duas altas para minha mãe, das quais uma usei durante anos da minha juventude, e a outra perdi, roubada por uma empregada. Em recente viagem à Tunísia, tomada de desejo irrefreável, comprei uma terceira, bérbere como aquelas, consciente de que estava repondo a mais miúda, desaparecida em alguma das tantas mudanças e que hoje não caberia no meu pulso.

A partir de um certo ponto, porém, meu pai parou de vir. Era o recrudescer da guerra na África.

Naquele mesmo setembro em que eu sorria junto ao carrinho de boneca, as tropas italianas, que no mês anterior haviam festejado a expulsão dos ingleses da Somália, obtinham uma vitória importante na Líbia, com a conquista de Sollum. Hoje procuro Sollum no atlas e preciso de uma lente para encontrá-la na costa mediterrânea, mínima cidade colada na fronteira da Líbia, apenas poucos quilômetros dentro do território egípcio. No entanto Sollum era importante ponto estratégico, garantindo o controle do Mediterrâneo e das rotas de abastecimento que, através do Canal de Suez, alcançavam o Oceano Índico.

Com os adultos sorridentes e o ufanismo guerreiro reforçado, as crianças, sem saber ao certo o que se passava mas seguras de que a hora era boa, cantavam a versão italiana de *Lili Marlene*, "*tutte le sere/ sotto quel fanal/presso la caserma/ ti stavo ad aspettar./Anche stasera aspetterò, e tutto il mondo scorderò/per te, Lili Marlene/per te, Lili Marlene*". Ninguém, muito menos o soldado que esperando sua Lili debaixo de um poste esquecia-se do mundo, pensou que a vitória em

Sollum fosse tão frágil, nem imaginou que a luta por ela haveria de continuar durante dois anos.

Meu tio Veniero, irmão mais moço do meu pai, veio nos visitar. Aquartelado na Sicília, estava de licença. Eu o revejo sentado na cama, desfazendo as ataduras das pernas. Não estava ferido, nunca o foi, as ataduras verde-oliva eram parte do uniforme, subiam de dentro da bota, envolvendo as pernas até abaixo dos joelhos. Embora mais grossas e largas, eram semelhantes àquelas brancas com que se envolviam os recém-nascidos, as mesmas que eu havia visto envolvendo meu pequeno irmão. Espirais sobrepostas serviam tanto para os que entravam na vida quanto para os que corriam o risco de sair dela.

Aquele inverno passou. Em Porto San Giorgio os dias começaram a se alongar. As palmeiras foram libertadas das esteiras e voltaram a sacudir a cabeleira. Nós despimos o capote. E já não era necessário mergulhar a laranja na água quente.

Em março, na Líbia, Rommel com seu Afrikakorps empreendia o contra-ataque na Cirenaica, enorme área desértica entre Bengasi e o Egito. Começava a primavera, nas plantações italianas agora abandonadas as uvas verdejavam, e desconhecendo a inutilidade das suas espigas o trigo crescia rumo ao verão. Cabia a Rommel tomar Forte Capuzzo e Sollum, que havia caído em mãos inglesas. E ele avançava nessa direção não só com tanques, não só com caminhões, mas com *side-cars*. Eram 66 daquelas motos com a banheirinha acoplada, para cada companhia. E cada uma levava três homens, uma metralhadora, caixas de munições, três mochilas, uma lata de gasolina de reserva, uma lata de água e três carabinas. Hoje, com a tecnologia do aparato bélico, os *side-cars* parecem figurantes de filme de Carlitos, mas naqueles dias tiveram papel importante.

Impossível, com pouco mais de quatro anos de idade, saber o que fosse a Cirenaica, se distante ou próxima daquela que havia sido a nossa casa. Mas nessa idade já se sabe, e com quanta acuidade, ler a ansiedade no rosto dos adultos.

A guerra só é um jogo bélico para quem a faz e para a história. Para quem a vive no cotidiano é uma imposição que estabelece a insegurança, oblitera o futuro, e só se suporta na certeza de que um dia há de acabar. Esse dia, porém, contrariando as expectativas e as promessas de Mussolini, estava longe.

Não sei se do meu pai chegavam cartas mas, se chegavam, certamente não eram muitas. Eu perguntava à minha mãe se minha boneca que andava, grande quase quanto uma criança, viria com ele quando chegasse. E minha mãe me dizia para ficar tranquila, que a mítica boneca, talvez existente apenas na minha imaginação, estava salva, bem cuidada. Como tudo o que era nosso.

Tudo o que era nosso havia ficado com meu pai em Trípoli, os bens herdados do meu avô, os tapetes, os quadros de autor, as pratas, e algo de que sempre ouvi falar com especial respeito, a *Enciclopédia Treccani*, da qual tantos anos mais tarde meu avô viria a ser verbete. Em Trípoli estava também o que meus pais haviam adquirido no ainda breve tempo do seu casamento. Conosco, no hidroavião, tinham vindo somente as roupas, os objetos essenciais.

Em maio, italianos e ingleses se enfrentavam em Keren. Daquela guerra, Tobruk e El-Alamein são nomes emblemáticos, mas de Keren poucos sabem e quase ninguém lembra. Se você procurar no Google, como eu fiz, saberá que é hoje a segunda cidade da Eritreia, importante centro comercial cuja maior atração é o santuário de St. Maryam Dearit, capela encravada no tronco oco de um enorme baobá. Os cemitérios militares, inglês e italiano, também são atrações turísticas. Não sei onde estão enterrados os cerca de 9 mil *ascari* que caíram no conflito. Em Keren, na batalha que durou 52 dias, morreram 50 mil homens.

Havia acabado o tempo de sorrir. As notícias que chegavam do *front* eram oficiais ou entrecortadas e, embora fosse proibido o ajuntamento de mais de três pessoas na rua, os boatos corriam ameaçadores. Para saber o que de fato estava acontecendo ou, pelo menos, o que o inimigo dizia que estava acontecendo, ouvíamos as transmissões em italiano da Rádio Londres.

Há uma cena, logo no início do filme *Roma, Cidade Aberta*, de Rossellini, em que as personagens estão ouvindo a Rádio Londres. Agentes se aproximam, o aparelho é nervosamente desligado, escondido. Não bastava desligar, um rádio ainda quente é extremamente denunciador.

No Albergo Vittoria ouvíamos a Rádio Londres trancados em uma saleta do térreo, apartada, que mais cabia aos proprietários que aos hóspedes, mas que a nós residentes cabia. Venezianas fechadas, os adultos debruçados ou sentados ao redor do rádio se esforçavam para entender. Eu ouvia o roncar intermitente da estática, o surgir e desaparecer da voz enquanto se procurava a difícil sintonização, e tinha medo. A prudência aconselhava manter o som bem baixo, mas os vidros estavam abertos e além das venezianas havia sempre quatro ou cinco pessoas paradas na calçada, pegando carona na nossa ousadia. Era uma cidade pequena, movimento nenhum nos meses mortos, alguns nem tinham rádio de ondas curtas. Então, na hora da transmissão, daquela transmissão proibidíssima, vinham se agrupar descaradamente diante da nossa janela e nós aumentávamos o som para atendê-los.

É provável que não houvesse perigo real, os policiais estavam talvez ocupados com outras coisas àquela hora, quem sabe ouvindo eles também a Rádio Londres em algum secreto desvão da delegacia. Mas eu tinha certeza do contrário, certeza alimentada por aquele eterno sadismo dos adultos, que se divertem atiçando o medo das crianças. E durante toda a transmissão mantinha-me prudentemente escondida debaixo da mesa redonda que uma grande toalha adamascada cobria arrastando franjas no chão.

Abençoada mesa protetora. Ali comíamos eventualmente, só nós crianças, sobretudo quando na nossa refeição era incluída carne fora do racionamento, que não convinha mostrar aos outros hóspedes. Carne para mim amarga de culpa, que eu tentava manter encoberta debaixo das verduras ou dos legumes, e que comia apressada, mal sentindo o gosto, temendo ser descoberta e levada, como Pinóquio, pelos carabineiros. Carne que se me atravessava na garganta toda vez que um adulto, entrando na salinha e percebendo meu sobressalto, dizia em rápido sussurro: a polícia! só para me ver abandonar rápida os talheres e mergulhar debaixo da toalha.

No filme de Rossellini a polícia chega, invade, interroga, ameaça. Vi o filme em 1999, durante uma estadia em Villa Serbelloni, da Fundação Rockefeller, em Bellagio, junto ao Lago de Como. Ali, naquela *villa* elegante, naquela noite sem perigos, a polícia não viria, sobretudo não aquela polícia.

Havia uma moça na trama, amante de alguma personagem. De nome Marina. Enquanto Marina se pinta no seu camarim, ouve-se ao fundo uma música, e a voz abafada de um *show* de boate, cantando em italiano. Sentada no sofá de linho branco, eu olhava essa outra Marina sentada diante do seu espelho, e juntas ouvíamos: "Copacabana, Copacabana, Copacabana é o lugar do amor."

No dia 1º de abril daquele ano, Asmara, do doce clima e das tantas flores, foi declarada cidade aberta. Escapou da destruição, salvou as avenidas largas, os belos edifícios que até hoje permanecem como um exemplo de *art déco* e que a diferenciam de todas as outras capitais da África. Uma semana depois caiu Massaua, a cidade dos meus banhos de mar.

Em novembro, a campanha da Cirenaica mudou de rumo, os ingleses ganhavam cada vez mais terreno.

Quando foi, exatamente, que Manfredo voltou da África? Não sei dizer. Abri os olhos uma manhã, e ele estava lá. Não havia trazido a minha boneca, e eu nem perguntei. Não havia trazido nada. Era uma sorte, disseram todos, que tivesse conseguido escapar. E nos alegramos.

Só mais de 50 anos depois eu saberia a verdadeira história dessa retirada. Na década de 90, meu tio Veniero deu um grande jantar em sua *villa* de Capri. Entre os convidados, o estilista Valentino. E junto com ele sua *entourage*. Manso calor de verão, vinho gelado, comidas ao ar livre. A noite já ia adiantada quando uma das amigas do *designer* senta-se ao lado do meu tio e com um sorriso maroto cheio de significados lança o mote: "Teu irmão, hein!" Surpresa de Veniero: "Então você conheceu meu irmão?", e onde, e como, e coisa e tal. Sim, quando jovem, bem jovem, a senhora em questão havia conhecido meu pai. Em Trípoli, para ser mais precisa.

Ela, recém-casada. Manfredo, solteiro pela ausência da família, em plena disponibilidade. Havia uma guerra em curso, quase na esquina. Mas guerras nunca esmoreceram o temperamento essencialmente vital do meu pai, pelo contrário, alimentavam sua testosterona. Lembro dele sentado à minha frente no meu primeiro apartamento de solteira, em Ipanema, durante a guerra das Malvinas, dizendo-me o quanto lamentava não ser jovem. E para que queria ser jovem?, perguntei. Para ir à guerra. Mas à guerra por que, e de que lado? Contra os ingleses, sempre, e porque "a guerra, Marina, a guerra é bonita para um homem". Havia estado em várias, e continuava achando bonita. Compreendi que, para ele, o *slogan* então na moda, "faça o amor, não faça a guerra", não tinha o menor significado. Como para os alces, o amor e a disputa territorial entre machos confundiam-se numa única coisa. Gostava tanto de guerra, que em sua segunda ida militar à África, havendo já um número suficiente de oficiais, preferiu renunciar à sua patente para poder voluntariar-se. Foi, como simples soldado. Era um homem de outro tempo.

E naquele tempo outro, considerou um dever e um prazer transmitir alguns ensinamentos eróticos à jovem inexperiente que, percebia-se, não estava sendo bem atendida pelo igualmente inexperiente recém-marido. Fora um animado romance, lembrava no jardim de Capri a agora senhora, dando a entender que apreciara as aulas. Mas a guerra não cede passo aos amantes e, intensificando-se o confronto, tornou-se prudente partir. Meu pai chamou a empresa de mudanças, encaixotou todos os bens familiares, inclusive a *Treccani* e, quero crer, a minha boneca. Na despedida, a amada entristecida lhe confidenciou que dentro de poucas semanas seria seu aniversário.

Um *gentleman*, meu pai. Depois de tantos doces momentos passados juntos, não deixaria a data escoar-se em branco. Daria uma festa. Chamou a empresa de mudanças, mandou desencaixotar tudo, fez arrumar a casa. E o espumante rolou.

Nos dias seguintes, já não era possível efetuar mudanças. As tropas inimigas se aproximavam. Meu pai fechou a porta sem rodar a chave, e partiu para a Itália deixando tudo para trás.

Era, porém, um *gentleman* de verdade. Quando, depois da guerra, o governo italiano indenizou os cidadãos que como ele haviam feito investimentos no Império atendendo às exortações do regime, nada aceitou pelos dois apartamentos de Asmara. "Não tripudio sobre a pátria ferida", disse. E nunca mais tocou no assunto.

Uma rã no meu destino

Como meu pai, Gina chegou uma manhã, encapotada, com um sorriso pálido de cansaço, timidez e estranhamento. Minha mãe havia ido buscá-la na estação ferroviária enquanto nós ainda dormíamos. Era nossa nova governanta.

Loura, de olhos azuis um pouco saltados, magra. Nos cabelos, permanente, que era moda absoluta na época e que durante anos foi meu desejo secreto. Era toscana, família de agricultores. Mas, sendo anêmica, havia sido instada pelos médicos a deixar o campo, e havia trocado sua grande casa camponesa pela cidade. Como governanta havia morado em Paris, falava francês, e de seu italiano impecável, de acento toscano, ainda guardo toques no meu.

Amamos Gina desde o início. Era uma presença leve e alegre. Minha mãe, por temperamento e porque mais ocupada com a saúde delicada de nosso irmão menor, nos deixava muito soltos. E estar muito soltos naquela idade pode ter sido vivido como falta de carinho. Gina preencheu essa falta.

Éramos dóceis, mas aprontávamos. Certa vez, retidos os dois no quarto por uma das tantas doenças infantis que naquele tempo não eram debeladas por vacinas, ela nos trouxe o almoço, não sei se carne ou peixe, mas certamente espinafre. Odiávamos espinafre. E éramos obrigados a comê-lo, uma vez que o direito democrático da escolha ainda não havia chegado à infância. Naquele dia, postos os anjinhos em sossego no quarto, Gina desceu para também almoçar, deixando-nos com nossos pratos. Que meia hora depois, quando voltou, estavam admiravelmente vazios. Crianças adoráveis! Não sabia ela que as adoráveis crianças haviam eliminado o espinafre saltando repetidamente na cama de molas, e lançando para o alto, a cada pulo, garfadas da odiada verdura. Obediente e úmido, o espinafre havia-se colado no teto.

Gina tinha aflição com coisas aveludadas. Descascava os pêssegos com garfo e faca. Acordei uma manhã em silêncio e vi que, de luvas e com tesourinha de unhas, tirava a faixa de pelo branco que enfeitava minhas botinhas. Fechei os olhos, para que não soubesse que havia sido surpreendida. O pelo era a única coisa de que eu gostava naquelas botinhas.

Entre tantas doenças infantis, tivemos coqueluche. Os três ao mesmo tempo. Havia que tomar injeção. Arduino e eu aos berros, querendo evitar a tortura da agulha. E nossa mãe, para nos induzir, dizendo que éramos uns covardes, nós tão grandes fazendo manha, enquanto nosso irmãozinho tão pequeno e tão valente aceitava a picada sem reclamar. Mas não era por valentia que nosso pobre irmãozinho se calava.

Nada nos havia sido dito sobre sua condição. Só bem mais tarde, ele já falecido, a palavra "mongoloide" nos foi entregue. Naquela época a expressão Down era utilizada apenas pelos médicos, e pouco ou nada se sabia sobre as causas da síndrome. Porque tão pouco se sabia, a responsabilidade, para não dizermos a culpa, recaía sobre as mães, e, embora a minha nunca tenha comentado nada comigo a esse respeito, sei que não escapou à generalização.

Lutou o quanto pôde para salvá-lo. Porto San Giorgio não era certamente a cidade ideal para se tratar uma criança doente, mas a guerra não deixava outra opção. A custo foi levado para Roma mais de uma vez, e trazido de volta. Minha mãe e Gina se revezavam junto dele amorosamente. Hoje creio que tivesse problemas cardíacos. Sua morte me chegou de maneira abafada, murmúrios, passos mais apressados, urgência. Arduino e eu não fomos ao enterro. Não lembro choro ou luto. Renato ainda nem sabia sentar. Se penso nele, vejo a janela do hospital entreaberta.

Meu pai veio nos visitar. Era sempre assim aquele pai, alguém que chega e todos se alegram, alguém que está a pouco de partir. Voltando para a Itália, não tinha vindo morar conosco. Ainda funcionário da Confindustria, havia sido transferido de Trípoli para alguma cidade certamente maior que Porto San Giorgio, talvez não muito distante. E porque era verão e estava de férias, dessa vez demorou-se mais.

Ter um pai disponível, que novidade. Todos os dias ia à praia conosco, como os outros pais. Alugava um *moscone*, embarcação engenhosa que parecia mesmo um inseto pousado na água, pequeno catamarã sem vela em que os ocupantes iam sentados em dois bancos de madeira, como se numa praça. Com ele aos remos, a família se fazia ao largo naquele azul liso e sem riscos. Não tão ao largo, mas o quanto bastava para que eu me sentisse em pleno mar. Manfredo mergulhava, o *moscone* se agitava leve no salto, Manfredo nadava e ria e nos atirava água alternando-se com a minha mãe, eu me segurava firme no banco, e tudo era puro prazer. Então, uma manhã, sem nada nos comunicar, decidiu ensinar Arduino a nadar. Começou mandando que pulasse nos seus braços. Arduino saltava, ele o agarrava na água e o levava nadando de volta até o *moscone*. Fez isso até Arduino ganhar confiança, e de repente, depois de um salto, não o agarrou, deixou que se debatesse sozinho para boiar. O teria pego se afundasse, mas o instinto de sobrevivência manteve meu irmão à tona. Só depois de refeito do susto — se é que jamais se refez — percebeu orgulhoso que havia aprendido a nadar.

Compensando tantas longas ausências, ensinou-lhe também a andar de bicicleta. Iam juntos alugá-la na loja que era uma das minhas fascinações inalcançáveis, ponto de convergência de jovens e crianças mais velhas, com o teto coalhado de bicicletas pendentes, o cheiro de borracha, o luzir dos metais. Pequena demais para ter uma, tive porém velocípede. Ainda me vejo pedalando furiosamente em uma das praças de Porto San Giorgio. Tomada de espírito bélico, cantava: "*Nella breccia di Porta Pia/sono entrati i bersaglieri/ed i preti prigionieri/ora non possono più scappar*!" (Pela brecha de Porta Pia/ entraram os *bersaglieri*/e os padres prisioneiros/já não podem mais fugir!), e imitava o som das trombetas dos *bersaglieri*, tará-tará-tatá, imaginando-os em marcha corrida para o ataque, as plumas de galo dos capacetes agitando-se como chamas. Durou pouco meu entusiasmo. Sem maiores explicações, um dos adultos me mandou parar de cantar aquela canção. Eu não podia saber que, com o fim dos conflitos entre Estado e Igreja, havia deixado de ser heroica para tornar-se inconveniente. A peça musical que tanto me inflamava estava mais de dez anos atrasada.

Várias canções de guerra fizeram parte do nosso repertório infantil. Sincopadas, concebidas para despertar o entusiasmo sem exigir grande reflexão, eram facilmente assimiladas pelas crianças. Decorávamos o refrão sem que fosse preciso nos ensinar — e minha mãe não permitiria que ninguém o fizesse, apesar do fascismo do meu pai. Duas eram minhas favoritas. Uma da artilharia, da qual guardo só fragmentos: "*Battaglioni del Duce battaglioni/della morte creati per la vita/a primavera s'apre la partita/ e...../Per vincere ci vogliono i cannoni/di Mussolini e.....* (Batalhões do Duce batalhões/da morte criados para a vida/na primavera começa o jogo/e...../ Para vencer são necessários os canhões/de Mussolini e.....). É provável que nem o pouco que lembro esteja exato, mas prefiro não pesquisar, e conservar essas músicas assim como as cantei, não pelas letras, não pelo que diziam, mas pelo que me devolvem do passado.

A outra era da marinha. Vivendo à beira-mar, brincando de piratas e de náufragos, tínhamos mais aproveitamento para ela. "*Andar/pel vasto mar/contro il nemico che s'incontra sul cammino*" (Andar/pelo imenso mar/contra o inimigo que se encontra no caminho). Lembro só esse começo, mas certamente nos bastava.

Manfredo tinha um amigo. E o amigo tinha uma casa de praia na costa da Toscana, em Castiglioncello, para a qual nos convidou a passar uns dias. Talvez eu devesse dizer uma casa de rocha, porque é junto à rocha, nadando no mar claro, com um lenço em feitio de turbante protegendo os cabelos, que vejo minha mãe no álbum. E me vejo em outra foto rindo ao lado da filha do amigo, naquele momento minha amiga, tão bonitinhas as duas. Há uma terceira foto, minha mãe em primeiro plano comigo no colo, e atrás o amigo do meu pai, de costas, abraçando a filha. Meu pai não aparece em foto alguma, estava atrás da câmera.

O amigo era Attilio Teruzzi, homem mais velho porém sólido, de cabelos e cavanhaque branco. De formação militar, coronel aos 28 anos, Medalha de Prata ao Valor Militar, duas vezes condecorado, havia tomado parte da Marcha sobre Roma à frente de um esquadrão de camisas-negras, ocupando dali para a frente importantes cargos políticos. Era altíssimo quadro do partido, um *gerarca*. A amizade com meu pai remontava à África, na qual Teruzzi havia tido várias passagens, quer como governador da Cirenaica, quer posteriormente como subsecretário do Ministério para a África Italiana. Certo é que estiveram juntos em 1939, quando Teruzzi inaugurou em Trípoli a XIII Feira Internacional e Intercolonial, e Manfredo o recepcionou.

Naqueles dias em Castiglioncello minha mãe inovou, usando pela primeira vez calças compridas. E pela primeira vez Arduino, ainda tão garotinho, alongou o olhar conscientemente sobre uma menina, a minha pequena e passageira amiga.

Em Porto San Giorgio fui alfabetizada. No país inteiro, muitas escolas haviam sido transformadas em quartéis ou em alojamentos militares, outras funcionavam precariamente. Não havia naquele momento, naquela pequeníssima cidade, colégios religiosos ou particulares. E provavelmente a escola pública não estava em funcionamento. Então, na hora de alfabetizar meu irmão, minha mãe fez recurso à casa da professora.

Era uma solução comum na época. Para contornar as dificuldades impostas ao sistema educacional pela guerra, muitas professoras haviam feito de suas casas centros de ensino. Foi nessas casas que cursei quase todo o meu primário.

Acertada por minha mãe a parte prática, Gina foi escalada para levar o novo estudante ao primeiro dia de aula. A mim, ainda pequena demais para aprender, foi permitido apenas acompanhá-los.

Houve uma rua larga, o túnel estreito por baixo da via férrea, a sombra das árvores na calçada, a mão de Gina ao redor da minha. E a porta. A campainha estremece meu coração. A porta se abre, a professora ocupa-se de Arduino, eu entro em silêncio, deslizando como um gato ou um peixe.

É uma sala grande, que hesito em chamar sala porque não tem sofás e poltronas, talvez alguma coisa no centro, mas a meus olhos vazia, cheia somente de uma luz quase penumbrosa. O piso de azulejos não claros mas brilhantes. E as paredes vestidas de alto a baixo de quadros.

O impacto daqueles quadros haveria de me acompanhar ao longo da vida. Sem que ninguém soubesse, nem eu, a sala da professora foi meu primeiro museu. Havia pinturas e desenhos a cores, emoldurados. Não esqueço um Cristo coroado de espinhos, uma galinha com seus pintos, gatinhos brincando com bola, vasos de flores. Pareceram-me estupendos. E teria ficado parada longamente admirando-os, se Gina não me puxasse de leve pela mão. Eu ainda teria muito tempo para aprimorar meu gosto artístico. O pintor era irmão da professora.

Atravessada a sala, descia-se um degrau, e eis a sala de aula. Na verdade, uma copa. Uma copa com uma boa janela e um bom cheiro de cozinha, quase toda ocupada por uma mesa redonda. Ao redor da mesa crianças sentadas, em cima da mesa cadernos abertos. E nos cadernos, traços, desenhos.

Não eram crianças da mesma idade. Havia ali diversos níveis escolares estudando ao mesmo tempo. Mas todos levantaram a cabeça quando chegamos, e pararam de fazer o que estavam fazendo. Foi por isso, porque as mãos se afastaram dos cadernos, que pude ver, desenhada a cores no alto da página de um deles, uma rã. Aquela rã saltou para dentro do meu destino. Tornou-se imperioso que eu também a tivesse, desenhada num caderno que fosse meu.

Chorei desesperadamente quando Gina quis me levar embora, e a professora, condoída e querendo encerrar a interrupção, acabou empilhando almofadas numa cadeira, e permitindo minha presença por aquele dia. Não sabia que eu estava partindo para a conquista da rã. Tão bem me portei, que quando vieram nos buscar havia sido promovida a estudante, com direito a voltar nos dias seguintes.

Ser alfabetizado era puro prazer e concentração. Nos primeiros dias — ou seriam semanas? — tudo o que tínhamos que fazer era desenhar traços a lápis. Sejamos claros, não eram quaisquer traços. No caderno quadriculado, o traço tinha que começar no alto do quadradinho, descer pelo centro dividindo-o ao meio, e parar encostado com precisão na fronteira do quadradinho inferior, nem acima, nem abaixo. Não aceito olhares de superioridade, era árduo.

Passado um bom tempo, e domesticada a mão nessa primeira empreitada, passava-se à etapa seguinte. A dificuldade aumentava. Agora era preciso desenhar círculos dentro dos quadradinhos, sem extrapolar o espaço concedido. Essa fase acabava quando os círculos pudessem ser considerados quase perfeitos.

Só então, donas da arte de fazer traços e círculos, as crianças partiam para juntá-los e grafar letras.

Enquanto os menores batalhavam para dominar o lápis, olhavam os maiores que já podiam usar caneta, aquelas canetas de pena, a mergulhar no tinteiro, pequenas armas com que em momentos de distração da professora riscava-se a mesa já toda riscada e marcada. E essa visão do futuro nos estimulava a prosseguir.

Aprendiam-se letras, não palavras. Tenho guardada uma carta enviada em algum momento a meu pai, em que estão escritas quatro ou cinco palavras incompletas. Eu já sabia escrever alguma coisa e queria mostrá-lo, mas ainda não bastava para escrever qualquer palavra.

A rã desenhada pelo irmão da professora, que no devido tempo veio a encabeçar uma página do meu caderno, marcou dupla conquista: eu havia alcançado meu objetivo inicial; e chegara à letra r, quase o final do alfabeto.

Minha mãe selecionou entre as suéteres do meu pai a que lhe pareceu mais velha, e a desmanchou. O desmanche rendeu vários novelos, bem mais do que ela precisava para tricotar *passamontagna*. Hoje diríamos "toucas ninja", mas as artes marciais daquele momento eram outras. E outra era a necessidade, não para ocultar a identidade serviriam, mas para sobreviver. Com o avançar da guerra, os Alpinos, força de elite italiana que luta nas montanhas, não tinham mais agasalhos, andavam de botas furadas na neve, sem nada para se aquecer.

Pedia-se ajuda às mulheres. Minha mãe e suas amigas, ainda que pouco afeitas às longas agulhas, passaram tardes inteiras tricotando. As mulheres dos pescadores de Porto San Giorgio tricotaram com as lãs que conseguiram arranjar — para comprar já não havia. Em algumas regiões as mulheres se reuniam nos sábados à tarde, nas escolas vazias, levando seus novelos e suas agulhas. As mulheres da Itália inteira tricotaram sob o olhar das crianças. Muitas meninas, como eu, aprenderam a tricotar naquele período. Mas os Alpinos continuaram andando na neve com botas furadas. E nós, crianças, cantávamos uma canção de que só lembro um pedaço, na qual um comandante manda chamar seus soldados e "*i suoi soldati gli mandan a dire/che non han scarpe per camminare.*" (e os seus soldados lhe mandam dizer/que não têm sapatos para caminhar), e o comandante responde "*o con le scarpe/o senza scarpe/i miei soldati/li voglio qua*". (ou com sapatos/ou sem sapatos/meus soldados/os quero aqui).

Anos depois meu pai haveria de ironizar o esforço patriótico da minha mãe, transformando-o numa brincadeira familiar. A suéter, dizia ele, era ótima, de *cashmere*, nem estava velha, e ainda haviam sobrado novelos. Realmente, lembro daqueles novelos gordos e macios, de lã cor de camelo, atravessando algumas mudanças. Nas reuniões das mulheres, porém, não se tricotava ironia.

No verão de 43, ou talvez no anterior, chegou a hora de Gina tirar férias, ir para a casa dos pais, que não via fazia muito tempo. Sermos deixados sem ela pareceu subitamente intolerável: ela não iria, não, ela não iria! E deflagramos uma cena do mais absoluto desespero infantil, dispostos a parar só quando ela capitulasse. Era alma gentil e nos amava, capitulou. "Levo eles comigo", disse para a minha mãe, "se a senhora deixar." E minha mãe, achando que seria bom para nós conhecer outro universo ou, quem sabe, sorrindo à ideia da inesperada independência, deixou.

Chegamos em fim de tarde. Hoje me pergunto como fomos até lá. Talvez houvesse um carro, emprestado ou alugado. Logo, com um beijo de despedida, nossos pais se foram, não era permitido viajar à noite, faróis são perigoso chamariz na escuridão. E lá estávamos nós dois, agora assustados na casa alheia, ilha perdida em meio aos campos.

Toda vez que vou à Toscana vejo a casa de Gina repetida nas tantas casas quase iguais daquela *campagna*. Grandes, bem grandes, dois andares, escada externa. E a cor. Se eu tivesse que fazê-la na palheta, sei bem que tintas misturaria. Mas misturar palavras para alcançar uma cor é bem mais complicado. Eu poderia dizer cor de telha, porém as telhas são pobres em comparação, e o tempo as escurece com mofo e musgos. Se disser cor de carne, o sangue escorre manchando a imagem. Dizer vermelho de veneza ou terra de siena seria pedante. Então digo romã madura, cor muitas vezes lavada, desbotada pelo tempo que coça as costas contra as paredes.

Uma casa concebida para abrigar sem aperto as ramificações de uma mesma família, pais, filhos, noras, genros, e um monte de crianças. Quase todos ao nosso redor naquela noite, naquela cozinha erguida em sombras, que a ausência de luz elétrica fazia ainda maior. Comemos ovos fritos em uma tigelinha de barro, e pão. Como posso lembrar um detalhe tão insignificante em meio a tantos detalhes? Mas lembro o cansaço, o sono, e o conforto daquele pão caseiro indo da gema à boca, ligando-me a algo já conhecido, em meio a tanta estranheza.

A cama era tão alta que precisamos de uma cadeira para alcançá-la. Entregava um cheiro bom, de palha ou milho, e o colchão queixava-se farfalhando a cada movimento. Conosco, naquela cama grande como um barco, subiram outras duas crianças, sobrinhos de Gina. À luz do lampião, quatro filhotes de gente foram postos para dormir. E os olhos já se fechavam antes que a luz se afastasse no corredor.

A primeira coisa que descobrimos no dia seguinte foi a plena liberdade do campo. Estávamos sob a guarda dos dois sobrinhos logo transformados em cúmplices, podíamos ir aonde quiséssemos, fazer o que nos desse vontade. Única obrigação: pontualidade na hora das refeições, mãos lavadas antes de sentar à mesa.

Verão, no auge. Nenhuma casa perto da nossa, não que se visse. Trigais e mais trigais ao redor, as espigas louras deitando seu peso no vento, e o cantar de cigarras e grilos tão constante e imutável que deixávamos de ouvi-lo. Crianças urbanas, entramos nos trigais pela primeira vez como se entrássemos no mar. Era alto o trigo daquele tempo; tantos anos depois, nas minhas viagens, estranhei os trigais rasos, quase alfafa, e pensando estar sendo enganada pela memória fui ver o que os quadros de Breugel me diziam. Gostava de trigo o holandês, e o pintou alto quase até os ombros dos camponeses, compacto como um muro.

O trigo da Toscana também era alto embora não tanto, e escondia entre as hastes papoulas, rainúnculos, insetos. Escondia ninhos, e pássaros que levantavam voo, súbitos, assustados com nosso aparecer. Nós nos deitávamos no trigal, céu ao alto emoldurado pelas espigas, terra morna contra as costas, subitamente ausentes do mundo visível, para pertencer por instantes àquele outro mundo de pequenas vidas secretas. Deitados em pontos diferentes chamávamos uns aos outros, e nossas vozes iam pelo ar como os pássaros, ligando quatro crianças escondidas.

Havia um riacho, mais que riacho, torrente raso, que atravessávamos pulando de pedra em pedra, as sandálias na mão, os pés inseguros sobre o limo molhado. Cuidado para não cair na água, advertiam os sobrinhos toda vez, a moça manca da escola ficou manca assim, botando o pé na água fria em dia de verão. E nós acreditávamos, redobrando a atenção cheios de medo.

À tarde, nosso lanche era uma fatia de pão, daquele pão grande e achatado feito de farinha branca, assado uma vez por semana no forno a lenha, que os adultos cortavam contendo-o junto ao peito. Molhada brevemente no vinho e salpicada de açúcar, aquela fatia era para nós iguaria de príncipes. Sim, molhada no vinho, para as crianças. Mais tarde, quando não tivéssemos pão de tipo algum para comer, lembraríamos daqueles lanches com redobrada saudade.

O vinho, que eles próprios produziam, era conservado em tonéis e engarrafado à medida do uso. Mas os tonéis, quando o vinho está perto de acabar, não podem ficar vazios, com risco de rachar. Enchem-se, então, de água. A essa água misturada com o vinho remanescente no tonel chama-se *vinello.* É rosada, fresca, deliciosa.

Os tonéis de *vinello* ficavam ao fundo do celeiro. Fomos para lá por outra razão qualquer, talvez atrás de algum bicho, coelho ou gato, ou à procura de ovos que comeríamos ali mesmo, crus, furando as pontas e mamando pelo furo. Mas, de repente, um dos sobrinhos teve a ideia. Deitaríamos no chão, um de cada vez, de boca aberta bem debaixo da torneirinha do tonel. E os outros abririam a torneira por alguns segundos. O primeiro deitou, bebeu, bebeu, bebeu, levantou a mão avisando, a torneirinha foi fechada, ele se levantou. Meu irmão deitou, bebeu, bebeu, levantou a mão, tudo funcionou como combinado. E um dos sobrinhos deitou. Mas, quando ergueu a mão, a torneirinha emperrou. E ele teve que continuar bebendo enquanto lutávamos com aquela chavinha de madeira que subitamente parecia de aço. O menino rumo à semiembriaguez, o *vinello* escorrendo, o chão ensopado, a gente tentando secar com a palha. Não houve jeito, tivemos que correr para casa, pedir ajuda.

O campo era assim, obediente ainda a antigas leis. Atualmente, nos campos da Europa, a gente vê um carro de marca estacionado numa estradinha, um trator desbastando a terra. É o camponês que provavelmente nem mora ali mas na cidade mais próxima, e que sozinho ou quase resolve tudo com a ajuda de máquinas. Nem sempre, porém. Recentemente deparei-me em Portugal com campos e campos de girassóis maduros apodrecendo ao sol. O Mercado Comum Europeu havia subsidiado o plantio a fim de garantir trabalho, mas não houve subsídio para a colheita, e contratar trabalhadores temporários tornaria o preço final do produto inviável.

No tempo de que falo vivia-se a paixão pelas máquinas. A Itália orgulhava-se de ter lançado no início do século o movimento futurista de Marinetti, hino intelectual à mecanização e à velocidade. O entusiasmo pela modernidade, porém, não fora suficiente para trazê-la ao campo, que continuava na Idade Média. Revolvia-se a terra com arado puxado por animais, fazia-se a semeadura com o gesto amplo da mão, ceifava-se o trigo com a foice grande que exigia empenho do corpo inteiro, ou com outra menor, *falcetto*, que vergava as costas. Não havia eletricidade.

Os rolos de palha que vejo hoje nos campos, todos iguais, todos certinhos, compactados e amarrados por máquinas, não são irmãos daqueles de então, feixes feitos a mão, abraçados pelo meio como se abraça uma cintura, e empilhados depois ao redor da enorme estaca, formando os palheiros. A lavoura mecanizada é uma bênção para a produção e para o camponês. Mas meu olhar de criança tinha outras medidas para estabelecer suas querências.

Naquela casa, que produzia quase tudo o que consumia, esquecemos por um tempo o racionamento. Nada nos faltava a não ser a carne, e mesmo essa era valentemente substituída por coelhos ensopados. Poderíamos quase ter esquecido a guerra, não fosse a ausência de homens jovens. Tanta necessidade de braços fortes para cuidar de animais e plantações, e só havia mulheres e velhos. Os válidos haviam sido recrutados. E se em outras famílias havia homens escondidos em palheiros ou sótãos, a nossa não escondia nenhum. O risco era demasiado alto.

O verão de 1943 foi muito quente. Sei disso porque em setembro, quando se declarou o armistício, os oleandros ainda estavam em flor. Em julho, Mussolini, deposto pelo Grande Conselho, havia sido encarcerado e substituído por Badoglio. Meu pai, que continuava sem morar conosco mas vindo nos ver, estava indignado. Lembro claramente o tom de desprezo com que falava de Badoglio e a ênfase ao exclamar: "*Vittorio Emanuele III, il re fellone!*", o rei covarde, expressão que Arduino e eu repetíamos surpresos com nossa própria audácia (insultar o rei!), e sem saber que era uma glosa da definição "*Il re soldato*", cunhada propagandisticamente para ele durante a Primeira Guerra Mundial. Tampouco percebíamos a gravidade do momento. Ou talvez percebêssemos, mas os momentos graves haviam-se tornado tão corriqueiros, que já não sabíamos avaliar o peso de uns e outros. A afirmação do meu pai se provaria verdadeira pouco depois, quando no dia 8 de setembro Badoglio e o Rei abandonaram Roma às pressas.

Embora um aviltamento para os que haviam sido ou ainda eram fascistas, a prisão do Duce ecoou no país inteiro como um prenúncio do fim da guerra. Esperava-se que as coisas mudassem. Mudaram muito pouco. E então, no dia 3 de setembro foi assinado o armistício entre a Itália e os Aliados.

Há tempos o Fascismo instituíra prêmios para as estações ferroviárias mais floridas, e resíduos dos jardins plantados para receber alegremente as locomotivas sobreviviam. Naquele início de setembro que respirava ainda com hálito de verão, os trens passaram na estrada de ferro de Porto San Giorgio carregados de soldados. Eram trens de carga que iam com os vagões de portas abertas, cheios de homens de pé, homens sentados com as pernas para fora, homens debruçados, apertados uns contra os outros. Não eram todos jovens, mas sorriam como se o fossem, e iam de camisa desabotoada, peito exposto, acenando com galhos de oleandros floridos, os mesmos oleandros que levavam presos no capacete e que haviam arrancado na passagem de alguma outra estação.

Em Porto San Giorgio a estrada de ferro corria uns três ou quatro metros acima do nível do chão. E nós, e os pescadores e suas mulheres e filhos, e o pessoal do hotel e os últimos veranistas, e tantos da cidade, ficamos horas ali, ao longo daquela quase muralha, queixo erguido, agitando os braços, mandando beijos para os soldados que enfim voltavam para casa.

Gasogênio rumo ao norte

Um carro a gasogênio não é um carro. É uma locomotiva ao contrário, a caldeira atrás. Uma locomotiva que enguiça. E foi com um carro a gasogênio que Manfredo veio nos buscar quando a guerra não acabou.

Não acabou, mas adensou-se. Menos de dez dias depois do armistício, Mussolini havia sido libertado no alto da Montanha Gran Sasso por paraquedistas alemães. As imagens cinematográficas que guardo daquela operação arriscada, preto e branco tremido, o Duce encapotado, perdida a atrevida pose costumeira, escondida sob um chapéu a cabeça raspada, foram implantadas na minha memória mais tarde. Naquele momento, quando os americanos desembarcavam na Sicília, e o governo Badoglio declarava guerra à Alemanha que já ocupava grande parte da Itália, não creio ter ido ao cinema.

Transferido para a cidade de Como onde já havia alugado apartamento para nós, meu pai estacionou o carro a gasogênio diante do Albergo Vittoria. Porto San Giorgio não era mais um lugar seguro. Mais prudente deixá-lo. E, empilhada toda a família no ventre escuro, Gina incluída, partimos rumo ao norte levando as mínimas malas de sobrevivência.

Sol morno de outono, alheio a qualquer combate. Campos ao redor, vegetação, morros. Nossos poucos pertences iam metidos debaixo das pernas e no colo. Na saia da minha mãe, costurado por dentro da bainha, o anel com o solitário, presente de casamento, pequena fortuna portátil que nos garantiria em caso de necessidade.

Arduino à frente com meu pai, eu atrás, excitados com a viagem, nos esforçávamos ainda assim para ficar calados. Não era hora de brincar, exigia-se silêncio. Eventualmente o carro enguiçava, a gente saltava, meu pai empurrava, o carro era pesado com aquela caldeira atrás, meu pai dobrado, vermelho de esforço, meu irmão querendo ajudar, meu pai dizendo que não, até que afinal o carro pegava, e nós todos subíamos depressa antes que mudasse de ideia.

A caldeira de um carro a gasogênio usa o mesmo princípio básico da churrasqueira. Alimentada com carvão ou madeira, produz um gás pobre que move as engrenagens. Produz também calor, fumaça, e entupimentos. Mas um carro a gasogênio, quando não há mais gasolina e as estradas de ferro estão parcialmente destroçadas, é para ser considerado um item de luxo.

Em algum momento da viagem, fizemos uma parada mais consistente. Devemos ter feito outras, para descansar e para comer, porém desta vez foi preciso demorar. Um povoado ou pouco mais, e antigo. Durante dois ou três dias, hospedados na casa do pároco, esperamos o conserto do carro. Nossa família não era especialmente católica, pelo contrário, mas em lugarejos pequenos e mesmo nem tanto, naqueles tempos rascantes, as pessoas se hospedavam onde fosse possível. Sei que estávamos na casa do pároco pelo silêncio dos passos e das figuras escuras que ainda deslizam nos cantos da minha memória, mas sobretudo porque destacávamos hóstias. Assadas como folhas grandes e brancas parecendo cartolina, eram entregues a mim e a meu irmão, mais para nos distrair do que por necessidade de mão de obra. E com dedos cheios de cuidado soltávamos os pequenos círculos picotados, recolhendo-os numa tigela. As aparas, comíamos todas, aderência fina sobre a língua, brincadeira permitida com aqueles restos de hóstia sem sangue de Cristo nem risco de sacrilégio. Havia um tocar de sinetas repercutindo nos corredores, um cheiro frio de limpeza.

Depois voltamos ao carro, às malas, ao aperto, à coxa de um espremida contra a coxa do outro, ao sono, à cabeça pendente sobre um ombro, um peito, um colo. E à tarde em que o carro enguiçou sobre a ponte.

Um avião bombardeiro não tem o mesmo som de um caça. Nem as mesmas intenções. Matar costuma ser a intenção de ambos, mas digamos que a exercem de forma diferente. E de forma diferente buscam suas presas. Um bombardeiro, movido por quatro motores, emitia um som mais pesado, redondo, assustador, embora, dependendo das circunstâncias, um caça possa ser até mais perigoso.

"Bombardeiros!", disse meu pai, e todos já tínhamos ouvido o ronco aproximando-se céu acima. O plural era devido ao som e ao conhecimento prévio: bombardeiros não costumam voar sós.

O carro estava adentrando uma ponte longa e alta. Meu pai acelerou. Pontes são sempre alvos preferenciais, um veículo numa ponte pode tornar-se a cerejinha coroando a torta. O carro andou mais um pouco e, chegando bem no meio da ponte, rateou. A caldeira atrás bufava, meu pai acelerou mais, houve um estertor, um salto. O carro parou.

No alto, o ronco se aproximava.

Todos no carro, e meu pai empurrando. Os bombardeiros chegando. Todos fora do carro, e meu pai empurrando. As veias inchadas do pescoço do meu pai, a cor assustadora do rosto do meu pai. O carro parado. Os bombardeiros.

Saímos correndo da ponte, deitamos na grama alta de um dos lados da estrada. Não havia tempo para ir mais longe. Se bombardeassem carro e ponte, a explosão e os estilhaços chegariam até nós.

Os bombardeiros costumam ter missões precisas. Dependendo da missão, um carro numa ponte pode não ser uma cerejinha, pode ser uma mosca pousada que não vale a pena aplastar. Muitas vezes, até o fim da guerra, temi fundamente ser incluída no secreto alvo de alguma missão específica. Naquele dia vi um avião no céu, bem acima da minha cabeça, de onde uma bomba não teria dificuldade nenhuma em me alcançar. Veria outros depois, até mais próximos, e veria as bombas caindo. Mas isso foi depois. Naquela tarde, naquela tarde em que com os talos da grama diante dos olhos tive por alguns minutos a certeza de que ia ser explodida, os bombardeiros se afastaram com seu ronco e suas bombas.

E logo foi o silêncio. Um silêncio imenso porque o medo havia sido retirado e éramos somente uma família ameaçada que se erguendo do mato e sacudindo as roupas, embora alegre, sentiu-se patética.

Em 1999 em Bellagio falava-se de outra guerra, a guerra do Kosovo, para onde tropas italianas haviam sido enviadas. Diariamente a mídia depositava no meu colo notícias que pareciam replicar os fatos vividos tantos anos antes naquela mesma paisagem. Civis inocentes haviam explodido com uma mina. Quantas vezes me foi repetido na infância para não catar nada que achasse no chão. Nada. Canetas explodiam quando se tirava a tampa, bonecas explodiam quando abraçadas, carrinhos, brinquedos, relógios, tudo podia explodir e mandar a gente pelo ar. Eram as *booby-traps*, pequenas minas domésticas lançadas pelos aviões aliados para aterrorizar a população. Na região do Kosovo, minas não tão domésticas explodem até hoje, como em Angola, como em tantos solos que uma vez minados conservam, oculto, o tubérculo da morte.

Em Bellagio li num jornal que um míssil da Otan havia matado dez civis ao acertar um trem que passava sobre uma ponte. Lembrei-me do nosso carro enguiçado. A Otan admitiu o erro, só queria destruir a ponte (os mísseis são inteligentes mas nem tanto). E pediu desculpas: "Na guerra, coisas como essa podem acontecer." Lembrei-me de um trem e de uma outra "coisa" de guerra.

Era uma coisa parecida com essa, ou dentro do mesmo espírito, aquela que ouvi uma mulher contar para minha mãe. A mulher contou que estava em um trem e havia muita gente além dela, muita gente de pé, porque os trens naquele ano de 1943 escasseavam, tomava-se o que havia. Era um trem de carga, com portas de correr que se abrem dos dois lados do vagão. O trem estava em movimento quando, subitamente, chegaram os caças. E depois de algumas rajadas o trem parou. E porque as rajadas varavam o teto do trem, as pessoas saíram em pânico pelo lado que parecia menos exposto, e o caças manobraram para mergulhar sobre as pessoas, e as metralharam. As pessoas que não haviam caído sob os tiros subiram no trem novamente e depressa saíram pelo outro lado tentando escapar. Mas os caças mais uma vez estavam em cima delas e as metralharam. A mulher contava sem chorar, e eu imaginava aquelas pessoas todas correndo, subindo e descendo dos vagões, e a mulher disse que parecia que eles, os pilotos dos caças, estavam brincando, se divertindo. Ela havia escapado deixando-se ficar, imóvel, debaixo de um corpo ainda quente.

Bem antes de chegarmos a Como nos separamos, por razões que ignoro. Meu pai seguiu no carro com Arduino. Na estrada, soubemos depois, foram parados por soldados alemães vociferantes. Ser parado por soldados não é uma experiência a desejar, menos ainda quando os que empunham armas se mostram irritados e falam uma língua que não se entende. Embora simpatizante, meu pai ficou na defensiva até compreender que o único problema era a fresta de luz emanada pelo carro. Começava a escurecer.

Minha mãe, eu e Gina seguimos de ônibus. Era noite quando chegamos ao rio. A ponte que atravessava aquele rio havia sido destruída, o ônibus estacionou na estrada. Saltamos. Havia outros ônibus estacionados, ou talvez fosse só um. Os viajantes estavam agrupados do lado de fora, vultos indistintos esperando a vez. Uma ponte emergencial havia sido construída com barcos atravessados no rio e tábuas interligando os barcos. Não aguentaria o peso do ônibus cheio, teria que ser atravessada a pé. O ônibus acendeu os faróis para iluminar nossa travessia. Com a luz violenta às costas mal enxergávamos adiante, e não havia tempo para hesitações. Eu não sabia do que tinha mais medo, da luz que podia atrair aviões, de ser esmagada pelas pessoas que se acotovelavam para pegar a ponte, de minha mãe soltar a minha mão, ou de tropeçar nas tábuas inseguras e cair no rio. Vozes nos instavam a andar depressa, a precária ponte estremecia sob os passos. Quando todos alcançaram o outro lado, os faróis foram apagados e a noite recompôs seu silêncio.

A cidade de Como é lacustre, mais que isso, é uma cidade que se funde com o encanto do Lago de Como sobre o qual se debruça. E com sua umidade. Voltei a Como pela primeira vez quando da bolsa Rockefeller. Tomamos o *aliscafo* para Como às 10:20. Os *aliscafi* são pontuais. De onde eu estava, em Villa Serbelloni, Como não se via. Mas eu sabia localizá-la, na goela do lago, atrás de um promontório. E desde que havia chegado olhava naquela direção. Tomamos o *aliscafo* com outros colegas do Rockefeller Study Center, todos sabiam que eu tinha um encontro marcado com uma menina.

Ela não faltou ao encontro, nem poderia. Estava na Piazza Cavour me esperando, me esperando antes mesmo de eu chegar, um pouco pra lá do *embarcadero*, mais para o meio da praça. Eu a vejo como então. Tem cabelos lisos, partidos ao meio, e porque é primavera, embora ainda esteja frio, ousou um vestido de mangas curtas debaixo do avental preto do colégio. Só ela e eu sabemos das mangas curtas, das florezinhas do tecido, do bordado em ninho de abelha no peito. Nossa mãe e as freiras ursulinas do colégio não permitiriam ainda roupa tão leve. Mas é bom esse frio secreto, essa liberdade nos braços há meses aprisionados por suéteres.

A praça, a mesma. A mesma, não. Alguns edifícios modernos tomaram o lugar dos que foram derrubados. Com justeza temiam-se bombardeios. Procuro com o olhar e uma ponta de angústia, restaurantes não costumam durar tantos anos. E na esquina da praça, à minha frente, ali mesmo onde devia estar, onde estava então embora em edifício antigo e não nesse que agora ocupa o mesmo lugar, reencontro o Restaurante Barchetta.

Ouço até hoje o som esmagador daquele garfo. Mais que ouvir vejo o som daquele garfo, estampado no olhar dos meus familiares ao redor da mesa, no olhar deles que é apenas um olhar atraído por um som mas que para mim é de suprema reprovação. Eu, menina educada, treinada com o rigor que nas boas famílias comanda o adestramento para modos à mesa, deixei cair o garfo. E no restaurante. No restaurante mais elegante de Como, onde nosso pai nos trouxe para inaugurar em alegria mais essa mudança, mais essa casa, mais essa cidade a aprender.

Naquela volta dez anos atrás pensei que talvez devesse entrar no restaurante, sentar a uma das mesas, uma que fosse redonda como aquela e perto da janela, segurar um garfo e deixá-lo cair. Mas que insignificante seria minha serenidade de adulta frente à altivez com que, menina, enfrentei o desastre. E o som que trago, bronze da memória, jamais se deixaria substituir por outro.

Não, não entrei naquele restaurante. Nem em outro semelhante. Comi pizza numa pizzaria popular, com vinho a litro, para marcar com clareza os limites entre o ontem e o hoje, aqueles mesmos limites que neste relato embaralho.

Eu sei, de pé na praça, com o lago ainda marulhando às minhas costas, que ali adiante está o Duomo (a Sé) e que exatamente do outro lado, debaixo de arcadas, está o portão do edifício onde morei. Faço de conta que não é tão importante. Me atardo na praça. Caminho como se não me assustasse o salto por cima de todos esses anos. E isso não por estar acompanhada, mas para prolongar o momento em que caminharei até lá e será como eu lembro. Ou não será.

O que lembro é que próxima à entrada do nosso prédio, a entrada que se abria sobre as escadas que levavam ao nosso apartamento, havia uma antiga loja de gêneros alimentícios. A loja não me dizia respeito, entrei ali poucas vezes, pela mão da empregada enquanto tivemos uma, ou da minha mãe. Mas houve um dia em que passou a me interessar.

Junto ao grande terraço, mais pátio interno, que pertencia ao nosso apartamento, abria-se uma claraboia, arejamento da loja. E por aquela claraboia subiram repentinos, um dia, ruídos novos, altercações, insultos, som de coisas quebradas. Arduino e eu ávidos, debruçados querendo saber. Eram as donas de casa protestando em fúria. Durante todo o dia protestaram, como se cada uma que entrava substituísse a que saía e houvesse sempre muitas. Foi o dia em que um ovo passou a custar uma lira. A guerra atingia o núcleo da vida.

Poderia desenhar a planta do apartamento de Como, tão claro o tenho. Segundo andar de uma construção antiga, grande, alugado, alheio. As escadas, a porta, o amplo *hall* de entrada, as duas salas, uma recuada e grande, a outra dando para o Duomo, mais escura embora de frente. E os quartos. Nada ali era nosso, nem os móveis nem o gosto. Não acrescentamos coisa alguma — e nada havíamos trazido para acrescentar —, não pusemos nem um quadro na parede, que não se furassem paredes que não nos pertenciam. Sentia-me naquela casa como visita, cuidando para não danificar ou deslocar fosse o que fosse.

No dia em que voltei, a praça do *embarcadero* estava cheia de turistas. Podiam ser suíços, a Suíça é ali ao lado, ou alemães. Velhos todos, pesados todos, calçados para grandes marchas embora tivessem vindo de ônibus e fossem andar só até o Duomo, e depois até uma loja de sedas nas vizinhanças, onde escolheriam gravatas e lenços para dar de presente na volta. Como é a cidade da seda. Andei junto deles, prevendo que adiante haveria clones dos que me rodeavam, que igualmente comprariam lenços e gravatas.

E porque já via a parede lateral do Duomo, a parede de pálido cinza que eu sabia estar ali mas que poderia não ter estado, a parede lateral e antes dela a torre de pedra, a severa torre medieval, porque bastaria apressar o passo segurando firme a mão da menina que na ânsia de me mostrar tudo o que eu já conhecia queria correr, porque faltava tão pouco, caminhei bem devagar.

Adentrei a praça sem olhar para os prédios entre os quais estaria o meu, mantendo a cabeça voltada para o Duomo, deixando para o fim o melhor bocado. Havia um bando de turistas parados à espera diante dos portões fechados, o Duomo fecha na hora do almoço como qualquer repartição pública ou loja italiana — a fé alimenta-se de orações, a barriga do sacristão necessita de algo mais sólido. Levantei o olhar para o alto da fachada, e dei de cara com uma ausência. O *fascio* havia sumido.

A sala do nosso apartamento que dava para a Piazza del Duomo era a de jantar. Nem escura de fato, porque com duas janelas, mas escura naquela época porque o outono já encurtava os dias, e porque revestida de *boiseries* e mobiliada com peças antigas que sugavam a luz. Na ponta da mesa mais próxima às janelas Arduino e eu passávamos as tardes estudando ou lendo. E olhando para fora em busca de claridade, víamos, plantado na fachada da igreja como se parte dela e compartilhando o espaço com um São Sebastião flechado, um medalhão de pedra contendo o *fascio*. Eu não estranhava que estivesse ali, fazia tanto tempo o via em toda parte, que me parecia tão pertencente ao país quanto a bandeira. Por isso não perguntei a ninguém, e ninguém me explicou que aquela presença se devia ao acordo entre Igreja e Estado.

Um ovo passou a custar uma lira e não havia mais carne. Antes mesmo de entrar em guerra, mas quando já se sabia inevitável, um decreto havia limitado a venda da carne a cinco dias por semana; dois anos depois, para comprá-la era preciso estar registrado no açougueiro do próprio bairro; e dali para a frente tornou-se mais e mais rara, até desaparecer por completo. Imprensada entre duas forças, com os Aliados subindo pelo sul, e os alemães resistindo no norte, a Itália via acabar suas reservas de alimentos.

Em Como, cidade industrial e importante, comíamos peru, ave insípida por excelência que não capricha no sabor sequer para festejar o Natal. Peru e couve-flor durante meses, sem alternativas. E arroz. Os italianos não são grandes comedores de arroz, um *risotto* de vez em quando faz parte, mas não mais do que isso. Naquela época, entretanto, uma campanha maciça foi feita para mudar esse hábito alimentar, tentando suprir a ausência da farinha de trigo. Louvavam-se as virtudes do arroz até mesmo nos livros escolares, comer arroz foi transformado em gesto patriótico. Mas o que de fato empurrou grão a grão garganta abaixo foi a necessidade.

Ainda assim devíamos considerá-lo uma bênção, pois antes disso e depois, até o fim da guerra, muita gente não teve o que comer. Segundo um relatório oficial, ainda em 42, 40% da população do país passava fome. As pequenas provisões domésticas se esgotaram rapidamente, e as pessoas faziam incursões no campo em busca de ovos, manteiga ou uma galinha. Uma amiga da nossa família, em Roma, foi até sua modestíssima propriedade rural onde estocava alguns víveres, pegou uma parte, trancou a porta sem perceber que um cachorro havia entrado atrás dela, e se foi. Antes que vizinhos se dessem conta do acontecido, o cachorro devorou as poucas coisas que restavam. No Rio, Adolfo Celi, diretor e ator com quem cheguei a fazer um breve curso de teatro e que havia sido *partisan* na juventude, me disse detestar grão-de-bico. Era a única coisa que havia comido durante semanas e semanas escondido em uma gruta em seus tempos de maqui. É surpreendente que eu ainda goste de couve-flor, mas minha relação com carne de peru nunca mais foi restabelecida.

Tínhamos, porém, uma boa provisão de maçãs. Maçãs, como sabiam os navegadores do passado, evitam o escorbuto e são frutas duradouras que tanto mais se conservam quanto menos encostadas umas nas outras. Nossa provisão ficava espalhada no chão de uma espécie de despensa. Mas sofria a ameaça de camundongos. A solução surgiu rápida e branca, gato trazido numa sacola, que fome e instinto tornavam predador. Pena que não limitasse aos ratinhos sua antipatia. Me odiava. Escondia-se na escuridão do *hall*, esperando minha passagem para saltar-me em cima. À noite, sobretudo, eu evitava sair da sala para ir ao quarto ou ao banheiro, porque o sabia oculto na sombra, à espera. Aguentei enquanto o medo foi maior que o ressentimento. Quando afinal a balança se inverteu, peguei o bicho no pulo agarrando-o com firmeza, e o mantive por uns bons minutos esperneando, pendurado para fora da janela. Entendeu perfeitamente o recado.

A primeira coisa que se aprende na guerra, ou pelo menos uma das primeiras com que construí meu infantil aprendizado de sobrevivência, é substituir. Quando alguma coisa que antes considerávamos insubstituível começa a faltar, coloca-se outra em seu lugar, que passa a ser insubstituível até ser, por sua vez, substituída. Agradece-se aos céus existir a outra. E no lugar da palavra *insubstituível* põe-se *desejável.*

Em vez de carne, peru. Em vez de café, chicória. Sucedâneos são sempre possíveis.

"Em 1940 para lembrar ao povo que devíamos combater, e sobretudo conformar-nos, foram afixados nas vitrinas das lojas, quase sempre vazias, cartazes que informavam aos eventualmente distraídos que o Eixo estava desafiando metade do mundo. Mas isso até os cidadãos mais superficiais já tinham entendido; havia racionamento, *black-out*, e os produtos alternativos (*surrogati*) tinham rótulos patrióticos: chamava-se *Lanital*, por exemplo, um tecido horrendo que não tinha nada a ver com as ovelhas, mas sim com as giestas." Assim escrevia Enzo Biagi, grande jornalista italiano, no *Corriere della Sera*, em abril de 99, relembrando a guerra passada, a propósito da guerra que ocorria no Kosovo.

Usava-se a falsa lã vegetal, que pouco aquecia, porque a lã verdadeira era toda requisitada para confecção dos uniformes militares. À população civil, além das giestas, restavam os coelhos. Não creio que necessidade possa ser considerada moda, mas o fato é que logo todos estavam usando suéteres de angorá, que apesar de quente, leve e macia, segue largando pelo vida afora. Meias de seda não havia mais, nem em Como. Então, quando queriam estar mais elegantes, as mulheres passavam maquilagem escura nas pernas e alguém, muitas vezes o marido, desenhava atrás a "costura" com lápis de sobrancelha. Vantagem dessas meias falsas era não desfiar. Mais tarde, no pós-guerra, quando as meias reapareceram trazidas pelos exércitos de ocupação e vendidas no mercado negro, improvisaram-se profissionais que, com uma mínima agulha de tricô, recuperavam as malhas perdidas. Muitas vezes, sentada com minha avó junto à moça que a atendia, encantei-me com a velocidade exata da sua agulha.

Faltando tecidos, foram proibidos vestidos longos, caudas em vestidos de noivas, coletes, e recomendou-se aos homens evitar o jaquetão. Mas a necessidade de moda subsistia. Os jornais traziam modelos de abrigos chiques feitos com velhos cobertores, e os turbantes de lenços, que antes haviam sido apenas uma variante eventual, tornaram-se necessariamente elegantes pela falta de chapéus.

Desde o final do outono, meu pai começara a se preocupar com o aquecimento da nossa casa. Faz muito frio em Como, um frio úmido, nevoento, que entra pelos ossos. Combustíveis tradicionais estavam fora de cogitação. Mas, como para tantas outras coisas, para isso também havia um *surrogato*. Em vez de carvão, turfa.

E afinal um carregamento de turfa chegou, e foi empilhado ao fundo daquele terraço quase pátio formando uma montanhola considerável. Daria para todo o inverno. Turfa é um combustível fóssil, acúmulo de plantas aquáticas no fundo de lagos ou pântanos. Embora bastante adequada para uma cidade lacustre, esquenta pouco. Mas esquenta. Eram grandes paralelepípedos de aspecto quase animal, marrom-escuro, como se peludos, que de alguma maneira conferiram um aspecto de natureza àquele pátio cinzento e árido rodeado de paredes altas. Queimavam-se na caldeira do apartamento. Até a noite em que resolveram queimar sozinhos.

Foi a vizinha do andar de cima quem alertou, da casa dela se via uma fumaça subindo, a montanhola havia-se transformado em vulcão. Na nossa, com os vidros escurecidos como era a regra para evitar bombardeios, e fechados para evitar o frio, não chegavam nem fumaça nem cheiro. Espanto, correria, demorou um pouco e chegaram os bombeiros. O acesso era pelo quarto das crianças, o nosso quarto! E lá ia aquela mangueira serpenteando, cobra gorda ao pé da nossa cama largando água para todo lado, ameaçando com suas espirais os pés dos bombeiros de uniforme, atraindo gente e confusão. Para nós dois que não precisávamos nos preocupar com a perda de alguns metros quadrados de preciosa turfa, que aventura estupenda. Depois, tudo já calmo e quase limpo, enquanto os adultos não tiravam os olhos do monte agora desfalcado temendo que a autocombustão recomeçasse, Arduino e eu torcíamos em segredo pela volta do fogo. Teria sido mesmo autocombustão?, nos perguntávamos incrédulos.

Quando soam as sirenes

Por esse tempo, Gina tendo partido para atender seu velho pai doente, minha mãe descobria-se subitamente babá e cozinheira. Pela primeira vez, íamos a um colégio regular, Arduino no São José, eu nas Ursulinas. E porque não havia mais Gina íamos sozinhos, a pé. Arduino me deixava na ida, seguia até o colégio dele, me recolhia na volta. Uma vez, ausente Arduino por alguma razão, voltei sozinha. E levei um bofetão de uma menina desconhecida, na rua, sem motivo algum. Eu ia andando, ela me chamou, fui até lá ver o que queria, e sem nada dizer, sem qualquer outro gesto, me esbofeteou. Não entendi, mas senti funda a humilhação. Envergonhada, não contei a ninguém em casa, só a meu irmão que acobertava minhas fraquezas como eu acobertava as dele, e que não me deixou mais voltar sozinha.

Às vezes, porém, quando havia alarme antiaéreo e as sirenes soavam, meu pai vinha de moto buscar-me no colégio — a bicicleta e depois o carro a gasogênio haviam sido substituídos por uma motocicleta. A nossa casa era perto, a viagem durava pouco, mas todo dia eu ficava torcendo para que as sirenes soassem, interrompendo as aulas e levando-me até em casa, cabelos ao vento, cavalgando heroica como uma valquíria. O medo de bombardeios desaparecia frente ao prazer.

"Para o abrigo não vamos!", determinou desde cedo meu pai. "Se for para morrer, que não seja como ratos!" A população havia sido instruída a refugiar-se nos abrigos toda vez que soassem as sirenes. Mas no entender do meu pai os abrigos eram subterrâneos, havia os encanamentos, o nível do lago, enfim, à primeira bomba seria inundação certa. Nunca fomos. Evitamos deste modo a terrível morte por afogamento no fundo de um abrigo, morte que, do meu conhecimento, não acometeu ninguém naquela cidade, mesmo depois, quando os bombardeios se fizeram concretos. Quando as sirenes soavam ficávamos no nosso apartamento, às vezes às escuras, ilha de inútil valentia em meio à cidade vazia, à espera do ronco dos bombardeiros que, felizmente, sempre seguiram com sua carga em outra direção.

Thomasz Barcinski, tradutor das grandes obras da literatura polonesa, e meu primeiro amigo no Brasil, não teve escolha, foi para o abrigo com sua família, na Polônia, mais ou menos na mesma época em que eu não fui. Não havia perigo de inundações naquele abrigo. Mas tampouco havia privada, os dejetos daquela gente toda, daquela gente abrigada ali como em um redil, eram acolhidos em baldes, às vezes durante dias seguidos. Fazia muito frio, auge do inverno. Thomasz tinha um capotinho infantil de alguma pele de bicho, estava aquecido. Mas como todo menino agitava-se, queria brincar, correu. E esbarrou num balde, derramando sobre si mesmo o conteúdo. Impossível ficar sem o capotinho. A mãe limpou-o como pôde, o frio fez o resto enrijecendo a pele úmida e fétida. E Thomasz teve que esperar um longo, longo tempo metido naquela espécie de couraça, até o fim do alarme antiaéreo.

Também o pai de Luciana Stegagno Picchio — a brasilianista brilhante e entusiasmada a quem devemos o reconhecimento da literatura brasileira na Itália — não ia para o abrigo com os filhos. Ela me contou que, para distraí-la e ao seu irmão durante os alertas antiaéreos, recitava versos da *Divina comédia*, sobrepondo o fascínio da tragédia grandiosa à pequena miséria daquelas esperas. E sentada em minha casa à mesa de jantar, repetiu trechos da poesia conservada desde a infância.

Atravessando os túneis do Rio, inúmeras vezes me flagrei pensando que dariam ótimos abrigos, assim escavados na rocha, amplos e longos, comunicantes e com dupla saída, sem risco de se transformarem em uma ratoeira, sem perigo de deslocamentos de ar. Não é um pensamento voltado para o futuro, mas para o passado.

As valquírias cavalgavam no nosso imaginário. Mais do que apenas uma cidade, Como é para mim uma vida paralela cheia de velas ao vento, de barcos em tempestade, de piratas e deuses, de encantamentos, de lanças, punhais, moinhos, heróis. Do lado de lá da janela São Sebastião torcia-se sob as flechadas, do lado de cá os peles-vermelhas lançavam suas flechas contra os bisões. A fachada do Duomo era cinzenta lá fora, e nós na sala escura atravessávamos as florestas tropicais da Malásia em que Sandokan se escondia com seus Tigres. As tardes de outono eram longas naquela cidade em que a neblina é hálito do lago, mas nós tínhamos gigantes de um só olho a enfrentar, e as cordas dos liliputianos nos atavam ao chão, e os soldados saíam traiçoeiros de dentro da barriga do cavalo, e na última luz era preciso morrer, morrer lentamente em Roncesvalle.

Nunca lemos tanto. Nem com tanta paixão. Chamava-se *La Scala d'Oro* e era uma coleção de clássicos adaptada para jovens. Nós ainda não éramos jovens, mas líamos como se o fôssemos. *Ilíada* e *Odisseia*, a mitologia grega, D. Quixote, Gulliver e Crusoe, Dumas, Poe, Stevenson, Salgari o inesgotável. E o resto.

Se saíamos pouco, quase exclusivamente para ir ao colégio, se não tínhamos amigos da nossa idade porque acabáramos de chegar e cedo partiríamos, tínhamos os livros. Nunca estivemos mais acompanhados. E tão partilhadas eram as leituras entre nós dois, que hoje, quando penso nelas, é como se tivéssemos lido tudo em voz alta, um para o outro, e não há nada que um tenha lido naquele período que o outro não tenha lido também. Lemos tudo várias vezes ou repetimos aquelas histórias tantas vezes, que leitura e narrativa se confundem na minha lembrança como uma única coisa.

Mas porque o incansável também cansa, quando cansávamos das história dos outros, inventávamos as nossas. Não sei quantas semanas — ou teria sido mais? — durou a história que contávamos um para o outro alternadamente, como um seriado, da aldeia africana cuja matriarca tinha seios pendentes compridíssimos, alongados por tantos e tantos filhos, seios tão extensos que cada movimento dela, cada ondular daqueles descomunais prolongamentos provocava alterações sísmicas, hecatombes, correrias. Também viajamos muito em um tapete voador imaginário que, extraído dos contos orientais, incrementamos com o acréscimo de duas calotas transparentes, uma em cima para nossa proteção, e outra embaixo para armazenamento de haveres e víveres. Afinal, nômades desde o nascimento, sabíamos que para grandes deslocamentos não basta sentar e deixar-se levar, e com o inverno chegando na vida real não havíamos de viajar desprotegidos nem mesmo sobre tapetes de fantasia.

E tínhamos os discos. Que Arduino ganhava em jogos de damas com uma generosa amiga dos meus pais. Que eu, mais burrinha nas damas ou menos encantadora com a dama, obtinha, não sem alguma insistência, da minha mãe. Eram discos fisicamente concebidos para crianças, em papelão especial semirrígido, laqueado na superfície sonora. Ao contrário dos de acetato, eram inquebráveis. Chamavam-se Durium. Conservo até hoje, graças a um inexplicável milagre de sobrevivência através de tantas mudanças, um álbum com a história de Pinóquio contada e cantada em 18 discos.

Com os discos vinham 18 cenários e 9 folhas de figurinhas para recortar. A gravação é de 1933. Das folhas de figurinhas, nenhuma atravessou o Atlântico.

Em Como, fiz progressos. Antes, quando me perguntavam o que queria ser quando crescesse, respondia invariavelmente que seria "Piccola Italiana". Ser Piccola Italiana significava pertencer à grande engrenagem da Opera Nazionale Balilla. Fundada pelo partido fascista em 1930 com o nome do herói que segundo a lenda deu início à revolta contra os austríacos na guerra de independência e unificação da Itália, a Opera Balilla era movida pela ideia, tão cara aos regimes totalitários, de criar a partir da infância o novo cidadão. Nas palavras do próprio Mussolini: "a educação fascista é moral, física, social e militar: destinada a criar o homem completo, ou seja, fascista como nós o queremos".

Traziam-se para a vida real e aprimoravam-se os princípios do futurista Marinetti, que havia proposto "escolas de coragem física e patriotismo". Em lugar do antigo regime escolar e do ensinamento do latim e do grego, o intelectual recomendava exercícios militares como, por exemplo, aprender a "avançar rastejando sob os tiros rentes das metralhadoras".

O aprendizado fascista começava cedo e seguia sem esmorecer. Dos 6 aos oito anos, meninas e meninos deveriam ser "Figli della Lupa", filhos da loba como haviam sido Rômulo e Remo, fundadores de Roma. Dos 8 aos 14, esperava-se que fossem respectivamente Piccola Italiana, e Balilla. Dos 14 aos

18, "Giovani Italiane", e "Avanguardisti". E a lista seguia adiante, nenhuma ovelha haveria de escapar do rebanho.

Exigia-se que os professores estivessem inscritos no partido, e as crianças deviam ser automaticamente registradas como "Figli della Lupa" ao ingressar na escola primária. Em 39 o partido já se gabava de ter inscrito mais de um milhão e trezentos mil pequenos.

Pergunto-me o que Marinetti terá achado da espantosa oração que chegou a ser editada para distribuição aos Balilla: "*Io credo nel sommo Duce, creatore delle Camicie Nere, e in Gesù Cristo suo unico protettore. Il nostro Salvatore fu concepito da buona maestra e da laborioso fabbro. Fu prode soldato, ebbe dei nemici. Discese a Roma, il terzo giorno ristabilì lo Stato. Salì all'alto ufficio. Siede alla destra del nostro Sovrano. Di là ha da venire a giudicare il bolscevismo. Credo nelle savie leggi. La comunione dei cittadini. La remissione delle pene. La resurrezione dell'Italia, la forza eterna, così sia.*" (Creio no sumo Duce, criador dos camisas-negras, e em Jesus Cristo seu único protetor. Nosso Salvador foi concebido por uma boa professora e um ferreiro trabalhador. Foi soldado corajoso, teve inimigos. Senta-se à direita do nosso Soberano. De lá virá para julgar o bolchevismo. Creio nas sábias leis. Na comunhão dos cidadãos. Na remissão dos sofrimentos. Na ressurreição da Itália, na força eterna, amém.) Felizmente, houve críticas, acusações de blasfêmia, e a oração foi retirada.

Em compensação, circula até hoje, e quem quiser pode até comprar uma pela Internet, a carteirinha de membro da Organizzazione Balilla. É uma belíssima peça gráfica, com ilustração e tipologia *art déco*, que traz de um lado a imagem grandiosa de um feixe de *fasci*, e do outro o juramento: "Juro executar sem discutir as ordens do Duce e servir com todas as minhas forças, e se for necessário com meu sangue, à causa da revolução fascista."

A Organizzazione Balilla foi dissolvida em 37, não para libertar os jovens, mas para prendê-los, com os mesmos princípios e o mesmo fim, a uma organização mais ampla, a Gioventù Italiana del Littorio.

Se hoje só consigo ver as intenções sinistras que de uma ou outra maneira veria replicadas mais tarde em outros regimes, naquela época só via a sedução. Os uniformes desenhados por um pintor conhecido na época, porque também ilustrador em jornais infantojuvenis, confirmavam a camisa preta fascista, incluíam elementos brancos, luvas, insígnias, o fez com a borla pendente. O de que eu mais gostava tinha saia pregueada, bandoleiras brancas cruzadas sobre o peito, e um enorme M prateado, de Mussolini, pespegado no meio. Havia campos de férias, treinos, exercícios inspirados no militarismo fascista e no escotismo de Baden Powell, e muitos desfiles, paradas, presenças em cerimônias oficiais, fotos nos jornais — existe até uma foto histórica surpreendente, de Balilla e fascistas rodeando o Mahatma Ghandi quando de uma sua visita a Roma. E os meninos, fascinação suprema, recebiam um mosquete de brinquedo a ser utilizado nos exercícios e exibido nas apresentações.

Como os pequenos protagonistas do livro *O coração*, de Edmondo de Amicis, que a partir de sua publicação em 1886 ensopou em lágrimas leitores do mundo inteiro, os pequenos fascistas queriam ser heróis.

Mas em casa demos sorte. Graças ao discernimento da minha mãe ou à nossa vida de giróvagos que nos poupou de escolas regulares, eu fiz parte dos 50% de pequenos e jovens italianos que nunca se inscreveram, e Arduino, inscrito por meu pai como Balilla, não chegou sequer a ter uniforme e participou de uma única atividade conjunta: a ida ao teatro para assistir ao espetáculo de um mágico.

Desde o final de setembro de 43 Mussolini havia fundado no Lago de Garda a República de Saló, numa tentativa de continuidade do regime. Embora já sem força, propositadamente esvaziada pelos alemães, aquela presença no Norte trazia o conflito mais para perto. No começo de 44 os Aliados desembarcaram em Anzio, perto de Roma. Logo tiveram início os combates pela tomada de Monte Cassino. As Brigate Nere, versão paramilitar do Partido criada no verão de 44, cujo nome derivava não só da camisa como das intenções, reacendiam o orgulho de uns e despertavam o terror de outros. A guerra invadia o cotidiano.

Sentindo-a tão próxima, mudei meus planos para o futuro. Não seria mais Piccola Italiana, seria Crocerossina. Assim se chamavam as enfermeiras que eu imaginava sempre no *front*, com sua cruz vermelha na touca branca. Brincando com as *crocerossine* que faziam parte do pequeno exército de chumbo do meu irmão, eu já tinha uma imagem para o meu devir. Sem dúvida, um belo avanço ideológico.

O segundo progresso foi canoro. Agora frequentando um colégio regular, aprendi uma música de guerra que, criada especialmente para as crianças, não era tão militarista quanto as outras: "*Anch'io combatto/anch'io fo la mia guerra/e curo l'orticello ogni mattina,/l'orticello di guerra./E prego Iddio/che vegli su di te/babbuccio mio.*" (Eu também combato/também faço a minha guerra/e todas as manhãs cuido da pequena horta/a pequena horta de guerra./E rezo a Deus/que cuide de você/ paizinho meu.) As "hortas de guerra" haviam sido idealizadas com o propósito de amenizar, ainda que pobremente, a falta de alimentos. Nas cidades maiores, os jardins, as praças, os parques e até os canteiros, esquecidas as flores, deram lugar a repolhos, batatas, cenouras, abobrinhas. Pequenos trigais surgiram nas áreas maiores. Pedia-se aos civis que plantassem em qualquer palmo de terra disponível, que transformassem em hortas suas varandas, que abrigassem hortaliças em seus vasos. E as crianças, instadas a contribuir no esforço de guerra, faziam suas mínimas hortas domésticas em caixotes ou bacias velhas.

Eu cantava compenetrada, porém se fiz alguma horta não lembro, o que significa que se a fiz não resultou em qualquer produção significativa. Havia, sim, uma espécie de caixote de madeira e tela metálica do lado de fora da janela da cozinha, mas não era uma horta, era nossa geladeira de inverno, econômica e funcional, absolutamente ecológica, movida pelo rigor do clima. E, embora eu rezasse a Deus todas as noites pedindo proteção para a minha família, não precisava solicitar especial interferência divina para meu pai, que tendo passado da idade-limite não estava no *front*.

Meu irmão, que cantava aquela mesma música, também rezava à noite. Mas, em silêncio e em segredo, pedia a Deus que além dos nossos pais protegesse Mussolini e os seus aliados. Um dia, indo sozinho para a escola depois de ter-me deixado nas freiras, catou um prego abandonado no chão e grafitou num muro "W il Duce". W, na Itália, é o símbolo para "viva". Pagou por isso um preço que não deveria ser cobrado a um coração de menino quando, acabada a guerra viu um documentário sobre a chegada dos americanos aos campos de concentração nazistas e percebeu, em funda humilhação, para quem havia rezado.

Com determinação crescente a guerra atacava a mesa, os gêneros desapareciam, diminuíam as cotas do racionamento. A ração do pão — para os italianos, mais que acompanhamento, comida primeira —, desde o início considerada insuficiente, foi reduzida mais de uma vez, até chegar a 150 gramas diários. Racionava-se a *pasta*; todo um povo acostumado a consumir um mínimo de 100 gramas diários via-se limitado a um quilo e duzentos gramas mensais por pessoa. De qualquer maneira, em Como a *pasta* havia sumido fazia tempo. Drasticamente reduzidas as criações de porcos, a Itália guardava só na lembrança os embutidos, o doce *prosciutto*, os belos pratos de *antipasto*. Para ir às compras, o cartão do racionamento havia-se tornado tão indispensável quanto a carteira. Porém, mesmo com o cartão, o cinto apertado ameaçava de sufocação.

No campo havia mínimos recursos, nem que fossem os vegetais, mas nas cidades maiores o único socorro possível era o mercado negro. E o socorro era escorchante. Para enfrentá-lo, as famílias vendiam o que tinham a quem podia pagar. As pratas, as joias, as capas de peles e até mesmo os lençóis e as toalhas de mesa bordadas mudavam de mãos. Mais de duas décadas depois, eu admirava os colares de coral expostos na vitrina de uma joalheria romana, quando duas mulheres se aproximaram: "*Che belli!*", disse uma para a outra "*Ce n'erano tanti a casa prima della guerra... chissà che fine hanno fatto.*" (Que bonitos! Havia tantos em casa antes da guerra... quem sabe que fim levaram.) E se foram.

Antes que os Aliados desembarcassem em Anzio, o que lhes permitiria a tomada de Roma, meu pai decidiu ir ver como estava sua mãe. Era uma empreitada arriscada. Não tenho ideia de como viajou, não lembro da partida, não sei quanto tempo levou, mas gravei, nítida e clara, a cena da volta gloriosa. Estávamos à noite na copa, nós três ao seu redor, festejando-o. Ele sentado, de robe de seda embora o frio, tronejava. Havia trazido dois presentes para a família, um bom pacote de *pasta* e uma garrafa de azeite de oliva, de verdadeiro azeite de oliva, tão diferente dos *surrogati*. Diante de nossos olhares cheios de admiração, suspendeu a garrafa no ar pelo gargalo. Era de vidro muito escuro, talvez preto, sem rótulo. Ergueu a garrafa, tirou a rolha. Em seguida, reverente, verteu azeite numa colher de sopa, cheirou fundo como se cheira uma flor, e meteu a colher na boca. Aquilo que a mim parecia um purgante desenhou-lhe no rosto funda expressão de beatitude.

Minha boneca havia ficado sobre a mesa, gordo bebê de porcelana com o corpo de algodão macio. Meu pai tomou o azeite, contou um ou outro fato da viagem, levantou-se para ir ao quarto. Virou o corpo em direção à porta, uma ponta do robe flutuou, chicoteou o ar, enroscou-se no pezinho do meu bebê. E lá estava ele no chão, em cacos.

Eu só teria outra boneca de verdade bem depois do fim da guerra. Até lá tive que me contentar com uma boneca de feltro, espécie de camponesa caricata. E mais tarde com uma baiana de pano preto, pesada e assustadora, de unhas pontiagudas feitas de pena de ave, presente de uma tia que havia estado no Brasil.

A guerra bafejava no nosso cangote. A vida, porém, teimava em continuar.

Entre cuidar das crianças e cozinhar almoço e jantar — peru e couve-flor, couve-flor e peru, de vez em quando batatas —, minha mãe, sem nenhum gosto especial pela culinária, ia ao cinema. Nunca mais, em toda a sua vida, que seria breve, foi tanto ao cinema. Graças ao posto do meu pai na Confindustria, tinha uma carteirinha que lhe garantia entrada grátis em todas as salas, e havia dias em que, acabado um filme, ia ver outro. Filmes não faltavam. Com a construção dos estúdios de Cinecittà, em 1937, o fascismo havia dado a partida para uma grande produção cinematográfica. Favoritas do público e do partido, multiplicavam-se as comédias românticas, retrato de uma pequena burguesia eufórica com as novas conquistas. Foi a fase dos "telefones brancos", que durou até 41, o suficiente para lançar as bases daquele que viria a ser o grande cinema italiano.

É certo que, antes mesmo de irmos para Como, minha mãe tenha visto *Maddalena, Zero in Condotta* (Madalena, zero em comportamento), porque a Itália inteira viu, e as mulheres suspiraram em coro pelo jovem De Sica, galã sorridente e gomalinado, além de diretor. E terá visto *Ossessione*, o primeiro filme de Visconti, que para realizá-lo teve que vender joias de sua nobre família. Viu *Un Garibaldino al Convento*, não por ser mais um filme de De Sica, mas porque meu tio foi o figurinista, premiado no Festival Internacional de Veneza — a pesada bolacha de bronze que recebeu, em nome do Ministero della Cultura Popolare, está guardada comigo.

De dois filmes lembro claramente, *Noi Vivi e Addio Kira*, porque foram uma comoção em Porto San Giorgio. Lembro dos cartazes, das fotos autografadas de Alida Valli e Rossano Brazzi que eram vendidas no jornaleiro, e da intensidade com que os dois filmes, uma sequência, foram comentados pelos adultos do grupo da minha mãe. Hoje sei o porquê dessa reação. Surpreendentemente, numa minúscula videoteca de Friburgo, dei de cara com a versão de 1986, em que os dois foram reeditados para constituir um único filme longo. E o vi emocionada, diante da lareira acesa em minha casa de montanha. Extraídos do primeiro romance da escritora americana Ayn Rand, *We the Living*, contam o sacrifício amoroso de uma jovem russa, apresentando uma visão dolorosa e realista da luta entre os indivíduos e o avanço do totalitarismo. Ayn Rand sabia do que estava falando, antes de emigrar para os Estados Unidos havia vivido em sua Rússia natal a mudança de regime, e o romance é de fundo autobiográfico. O governo autoritário de Mussolini reconheceu apenas o aspecto circunstancial do filme e, certo de estar colocando em circulação uma crítica ao comunismo, o liberou sem perceber a referência a seu próprio regime.

Pesou, certamente, no estabelecimento do equívoco, a notória simpatia do diretor, Goffredo Alessandrini, pelo ideário fascista. Simpatia tanto mais surpreendente quando se sabe que ele havia sido casado com Anna Magnani, estrela maior do neorrealismo italiano.

Não sei ao certo que filmes minha mãe via em Como. Mas, apesar do momento, ou por causa dele, a maioria terá sido de entretenimento. Cinecittá havia produzido a pleno vapor até o armistício, e só 17 dos 279 filmes que saíram dos seus estúdios eram de guerra. Três deles de Rossellini, um com roteiro de Antonioni. Tratavam o conflito de um ponto de vista favorável, justificando a ação dos países do Eixo. Exatamente o oposto dos filmes de guerra que, na mesma época, se viam no Brasil. Quando cheguei aqui, as crianças que conheci falavam com entusiasmo de filmes e histórias em quadrinhos cheios de japoneses dentuços, alemães assassinos e italianos sentimentais e covardes. O mesmo entusiasmo com que me provocavam ou me insultavam diretamente, gabando a atuação vitoriosa das tropas brasileiras que haviam posto os italianos em fuga. Essa nova visão pareceu-me inaceitável. Como era possível, perguntava meu coração infantil, que fossem covardes os soldados para os quais minha mãe havia tricotado *passamontagna*, aqueles que "*con le scarpe o senza scarpe*" atendiam ao chamado do seu comandante? Como podia ser covarde meu pai, que havia sido proposto para uma medalha ao valor militar, e que ia para as guerras por gosto, por patriotismo? Eu havia visto na invasão e na ocupação soldados do mundo inteiro, americanos e ingleses, australianos e poloneses, indianos e africanos, canadenses. Mas nenhum brasileiro. A ação da FEB, localizada principalmente no centro da Itália, quando minha família se encontrava no Norte, havia sido inexistente para mim. "Vocês nem estavam lá!", eu respondia, segura como uma testemunha ocular. Quanto aos quadrinhos e à sua propaganda, eu os desconhecia por completo, minha intimidade limitava-se às histórias do Fantasma.

Não sei se antevendo o futuro ou por interesse cultural, minha mãe decidiu estudar inglês. Meu pai acompanhou-a nas primeiras aulas, porém, mais impaciente e talvez menos seguro do amanhã, logo desistiu. Àquela altura, nenhum dos dois sequer pensou em estudar alemão.

O círculo de amizades dos meus pais era movimentado e divertido. Além da jovem senhora que gostava de jogar damas com meu irmão, mas preferia brincar de xeque-mate com meu pai, havia convidados frequentes em nossa casa. Alguns dos amigos, industriais ligados às grandes famílias da seda, tinham mais facilidade para conseguir gêneros e bebidas. Davam-se pequenas festas. E havia teatro, concertos. Não sei como todos eles se arranjavam com o toque de recolher.

O revólver ficava na gaveta da mesinha de cabeceira do quarto dos meus pais. Eram tempos de armas. Para meu pai, tantas vezes guerreiro, nada mais natural do que manter seu revólver ao alcance, para defender a família, ou até mesmo, se fosse necessário, voltar ao combate. Que me lembre, sempre teve um. Eu já moça, morando sozinha com Arduino na mansão do Parque Lage enquanto ele ficava na fazenda, me deu uma pistola de presente, uma Beretta 22, pequena joia que cabia em qualquer bolsa. Muitas vezes, saindo à noite, eu a levei comigo. Ao mesmo tempo em que aprimorava a pontaria, treinava para subir correndo sem perder o fôlego, do grande portão da Rua Jardim Botânico até a porta dos fundos da mansão que, na ausência dos adultos, utilizávamos mais que a da frente. O Rio ainda não era uma cidade perigosa, mas o grande parque abandonado e escuro já o era. E levei a Beretta na bolsa mais uma vez em março de 64, na manhã em que saí de casa, não para ir trabalhar no *Jornal do Brasil* como fazia todos os dias, mas para defendê-lo se fosse necessário. Minha bravata acabou assim que cheguei, porque Carlos Lemos, Secretário do jornal, achou mais prudente que lhe entregasse a arma. E os militares ocuparam o JB.

O revólver do meu pai ficava na gaveta da mesinha, ao lado da grande cama tentadora, no quarto mais luminoso do apartamento, de porta sempre aberta. Tão cheia de magia a penteadeira da minha mãe, com os delicados vidros de perfume, os potes de creme, as escovas e pentes de prata, presente de casamento. Tão oposta ao modelo feminino preconizado pelo fascismo, rosto lavado, berço e fogão. Foi diante daqueles espelhos em que dia a dia eu aprendia os gestos da minha mãe enquanto se maquilava, que pela primeira e única vez ela fez papelotes no meu cabelo. Digo papelotes embora na Itália não se fizessem com papel, porque a palavra bigudi me parece azeda demais para os delicados rolinhos moldados no dedo e presos com grampos. Por alguns momentos aquela tarde tive cachos, sonho da minha vida, mas logo a natureza reassumiu o comando, alisando-me as madeixas.

O revólver ficava na gaveta. Que Arduino abriu. "Mãos ao alto!", exclamou voltando-se para mim, a arma firme na mão erguida. "Mãos ao alto ou atiro!" Era um jogo, mais um, imitação de tantas cenas adultas. Mas o revólver era verdadeiro, e estava carregado.

Adiante, contornado o perigo, haveria de ficar ainda assim a ferida da lembrança. Meu irmão de pé apertando os lábios para aguentar, meu pai diante dele, tão grande, tirando o cinto. A surra não foi feroz, mas sim a cena. E eu ali, sentindo-me causa de tudo, sem poder defender meu irmão, sem saber articular aquilo que intuía, sem coragem de pronunciar a palavra injustiça.

Entre tantas coisas que faltavam, a terra do parmesão viu reduzir-se drasticamente a produção de queijos. Pior, escasseava o sal.

Meu pai almoçava durante a semana no refeitório do partido, em parte para estar com os colegas e inteirar-se das novidades, em parte como forma de dupla economia, de gêneros e de trabalho para minha mãe. Mas, com o degradar-se da situação, até mesmo a comida do partido começou a ficar insossa. Meu pai queixava-se. Minha mãe, querendo resolver o problema sem afastar-se da elegância, comprou uma caixinha de esmalte azul-cobalto filetado de branco, que enchia de sal e que ele levava consigo para o refeitório. Conservo a caixinha sobre a minha mesa de cabeceira, o esmalte lascou-se num canto. E me surpreendo que meu pai tenha sobrevivido ao amoroso gesto conjugal. No interior sem esmalte, o sal ficava em contato direto com o bronze, ideal para a formação de azinhavre.

O que terá pensado meu pai, fascista e alto funcionário da Confederação Industrial, da série de greves que abalou Milão em março de 44? Apesar do discurso de Mussolini ao instaurar a Repubblica Sociale Italiana no ano anterior, afirmando que o regime seria "nacional e social na plena acepção das palavras", entre 500 mil e 1 milhão de trabalhadores insatisfeitos pararam as máquinas quando elas eram mais necessárias, e foram às ruas protestar. As greves marcaram o começo do fim, enfraquecendo o novo governo e dando motivo aos alemães para endurecer ainda mais sua relação com os italianos. Os civis sofreriam isso na carne.

E o momento chegou em que às mulheres da Itália pediu-se que entregassem suas alianças como contribuição ao "esforço de guerra". Os sinos das igrejas já haviam sido fundidos para fazer canhões, antigos portões e grades haviam tido a mesma sorte. No campo, as famílias haviam entregue as tradicionais panelas de cobre — embora muitas fossem enterradas, de olho no futuro. Recolhia-se qualquer pedaço de ferro velho, até às crianças solicitava-se participar da busca. Agora pedia-se aquele pequeno ouro gotejado de cada mão. Repetia-se a experiência bem-sucedida de 1936 quando, para fortalecer a Itália após as sanções econômicas impostas pela Liga das Nações devido à invasão da Etiópia, declanchou-se a "campanha do ouro", que recolheu medalhinhas, relógios, cordões, e levou até mesmo Luigi Pirandello a doar a medalha do seu Prêmio Nobel. Fotos da propaganda fascista mostravam velhas senhoras entregando à Pátria a joia mais simbólica de suas vidas. Nem bem dez anos haviam passado, e muitas mulheres se viram levadas a doar sua aliança pela segunda vez.

Na Piazza del Duomo, bem diante do nosso prédio, foram montados os postos de doação, um tripé feito com três fuzis, sustentando um capacete emborcado. Minha mãe foi até lá, e, entre uma mulher que a precedia e outra que vinha atrás, entregou sua aliança de ouro branco, recebeu outra de metal vil. A data do casamento e o nome do meu pai desapareceriam na fundição. Nós olhávamos da janela.

Quando foi que adoeci? Certamente na primavera, porque Arduino ia fazer a primeira comunhão, e naquele tempo era tradição realizá-la nas proximidades da Páscoa. Ele ia fazer a primeira comunhão, e eu, que queria tanto estar presente, me vi impedida por um prenúncio das tantas pneumonias que teria ao longo da vida. Era apenas uma ameaça, mas no mundo anterior aos antibióticos, em que a subalimentação favorecia o alastrar-se da tuberculose, a ameaça bastou para apavorar meus pais.

Sim, certamente era primavera, porque eu havia ido um dia ao colégio ocultando, debaixo do avental preto do uniforme, um vestido de mangas curtas bordado em ninho de abelhas no peito, um vestido de florezinhas que me permitira sentir sobre a pele, em segredo, o último sopro frio com que o inverno se despede.

Era primavera porque lembro claramente de ter olhado pela janela do colégio um dia, pouco antes, e ter visto neve caindo, neve que eu pensei fosse poeira grossa porque nevar não era mais possível uma vez que o inverno havia acabado.

Era primavera, sim, e Arduino entrou no quarto trazendo de presente para mim um pedaço de pomba branca, fragmento da torta açucarada em feitio de pomba que ele próprio havia ganho. O quarto dos meus pais em penumbra —

a luminosidade doía nos meus olhos —, eu na cama grande, e Arduino chegando, proibido de se aproximar, o perfil recortado contra a faixa de luz que escapava entre as duas venezianas encostadas, o cintilar do seu cabelo louro. Onde teriam conseguido o tecido para vesti-lo de lã verde-escuro, pequeno terno de calças curtas? No braço direito, símbolo do seu novo *status* cristão, a braçadeira de cetim branco com um laço de franjas douradas nas pontas me encheu de admiração. Um dia eu também, pensei. Mas estava tão cansada.

E com o tempo abriram-se as venezianas, saí da cama dos meus pais. Porém, ainda frágil, era preciso cuidar da minha convalescença.

"Você vai para a casa do meu amigo X", me disse meu pai, voltando uma tarde do trabalho. O nome de X, esqueci. Em vez dele, guardei o tom satisfeito do meu pai, tão em contraste com meu desagrado imediato.

X era um colega de trabalho que morava não muito distante de Como, na fronteira com a Suíça. Casado, sabedor da minha doença, havia-se oferecido para me hospedar. Nada como o ar da montanha para recuperar pulmões enfraquecidos.

Ele e a mulher não tinham filhos, não tinham animais de estimação. Ficariam encantados em ter uma menininha morando com eles por um mês. Meus pais me levaram de ônibus até lá. E lá me deixaram.

Era uma casa de limpeza cortante como vidro. Moderna. Sem cortinas. Sem tapetes. De janelas altas e largas que com precisão de esquadro duplicavam-se em brilho sobre o chão encerado. No quarto de vestir de X, um remador para ginástica, de madeira e metal, parecia-me um imenso gafanhoto. Eles eram amáveis comigo, tentavam me agradar, queriam que me sentisse feliz. Eu pensava em meu irmão, em minha casa. Sabia que não devia chorar.

Minha mãe vinha me visitar uma vez por semana. Ficava até tarde, tomava chá, conversava com a mulher de X, e antes que escurecesse, voltava para Como. Eu corria atrás do ônibus, chamava, pedia que me levasse, até o ônibus tornar-se inalcançável. Então dava a mão para a mulher de X e regressava para a casa sem cortinas. Sete dias demoravam a passar.

Clima não necessita de passaporte, é o mesmo de um lado e outro da fronteira. O clima suíço de que eu precisava estava ao alcance dos meus pulmões. Respirar era tudo o que eu tinha que fazer. Respirar era tudo o que havia para fazer.

Querendo me distrair e acabar de me curar, toda manhã a empregada me levava a passear montanha acima, pela estrada asfaltada. Não era um passeio longo. Mas tinha seu toque de emoção, alcançado no exato momento em que chegávamos à linha divisória, aos arames farpados, aos cartazes de advertência e ameaça, à guarita dos guardas alfandegários. Parávamos. E, enquanto a empregada conversava com o guarda de serviço — conhecia todos —, eu pensava, pasma, que a guerra acabava ali, naquela linha tão forte quanto um muro, que não se via, marcada apenas pelos arames farpados além dos quais ninguém atirava em ninguém, ninguém bombardeava ninguém, aqueles arames farpados além dos quais começava, palavra alentadora, a neutralidade.

Daquela estadia em diante, sempre que ouvia um ronco de avião, uma sirene de alarma, a explosão de uma bomba, pensava na maravilha que teria sido nascer menina suíça.

Nossos pais nos levaram a um passeio. Nunca tinha acontecido antes, não dessa maneira determinada e com essa palavra "passeio", e nunca tornaria a acontecer. No cardápio da minha família havia fartura de mudanças, novos países, novas casas, nova vida a organizar, mas essa sobremesa, "passeio", nunca chegava a ser servida. Pois um dia o foi.

Era quase um dever, morando em Como, ir visitar Villa Carlotta no período da floração. Presente de casamento do Príncipe Alberto da Prússia a sua filha Carlotta, essa *villa* que já abrigou importantes coleções de arte e que uma ordem real transformou em bem público no início do século XX, é uma preciosidade botânica, famosa sobretudo pelas camélias. São mais de 400 plantas de 64 variedades que atraem turistas do mundo inteiro. O mundo naquele momento estava fechado para nós, mas não Villa Carlotta.

Tomamos um barco para alcançá-la, um daqueles barcos que, como um ônibus, faz e fazia o percurso do lago parando em várias cidades costeiras. Barco, chegada, interior da Villa, nada guardei. Mas sei do azul de céu e água, de um vento leve, quase frisante, que soprava. E sei do choque de beleza com que as extensões de flores se imprimiram em mim, indeléveis. Quantas azaleias já plantei em meu jardim de Friburgo, buscando recriar aquela sedução primeira!

Voltei a Villa Carlotta quando da estadia em Bellagio, a guerra tão distante e, para mim, tão próxima. Apesar da minha expectativa, tudo me chegava novo, apagadas as referências anteriores. A fila, as pessoas tantas, os ingressos, as amplas salas, as paredes decoradas poderiam ter sido de qualquer lugar. Até mesmo as camélias do jardim, aquelas camélias que podadas formam altíssimos muros floridos, me surpreendiam como se nunca vistas. Eu me sentia uma turista igual aos demais. Até que cheguei às azaleias. E deixei de ser uma estranha.

Não são arbustos isolados plantados aqui e acolá, cada qual com suas flores, os de Villa Carlotta. São plantados tão próximos uns dos outros que formam um corpo único compacto e seguido, ondulante, uma extensão pouco acima do chão, que com o chão se liga como um prolongamento natural, em que as diferentes cores se alternam e se fundem sem ruptura. Naquele mar todo perfume e pétalas, ali sim, estava meu olhar de criança.

Era guerra plena, quando fizemos o passeio. Já se previam os grandes bombardeios que haveriam de destroçar o norte da Itália, e nossa família se preparava para deixar Como. Mas naquela *villa* encantada a floração seguia seu curso alheia a qualquer conflito, e jardineiros cuidavam para que assim fosse.

Três lagos no horizonte

Em janeiro de 44 os Aliados haviam desembarcado em Anzio, perto de Roma. Em maio, depois de terem destruído a abadia, ocuparam Monte Cassino. Em junho entraram na capital. O Rei Vítor Emanuel III transmitiu coroa e poderes ao filho Umberto, um novo governo foi formado. De Roma para baixo a Itália estava liberada. No alto continuávamos em guerra. E a guerra apertava seus tempos.

Teria Manfredo tomado conhecimento do massacre das Fosse Ardeatine? Nunca lhe perguntei. Mas é provável que sim, porque Roma ainda não havia sido libertada e as notícias circulavam livremente quando, em 24 de março, os alemães, em represália a um atentado em que resistentes italianos haviam matado 32 soldados alemães, fuzilaram em uma mina abandonada 325 italianos, entre presos políticos, judeus, e pessoas escolhidas ao acaso nas ruas. Em seguida dinamitaram a entrada da mina, impossibilitando o acesso aos corpos. E tornaram público o fato. A proporção de 10 para 1 em casos de atentados havia sido estabelecida pelos alemães, na tentativa de pôr um freio nas ações da resistência.

Em uma das minhas recentes viagens a Roma, me hospedei em um hotel de Via Rasella, a mesma rua onde o comando colocou a bomba em um *container* da limpeza urbana, mandando pelos ares os 32 soldados. Na rua, os turistas alegres, os romanos levando adiante seu cotidiano, nada lembrava o fato do passado. Mas naquela rua, e na Itália inteira, não há quem o esqueça. Não pude deixar de me perguntar o que teria acontecido com nossa família e com as posições políticas do meu pai se, no dia seguinte ao atentado, minha avó ou meu tio estivessem passando na rua e fossem colhidos na rede alemã.

Como todas as cidades industriais do Norte, Como tornava-se agora alvo preferencial dos bombardeios. Era preciso sair. A solução encontrada por meu pai foi um chalé isolado, encostado na montanha, na minúscula cidadezinha de Albavilla, a uns 30 ou 40 minutos de Como. Um trenzinho fazia a ligação, meu pai poderia ir e vir do trabalho todos os dias, minha mãe poderia ir à cidade quando quisesse. Logo nos mudamos.

Soube que ia voltar a Albavilla no momento em que recebemos a confirmação da bolsa para Bellagio. Mais de 50 anos haviam passado. Entretanto, por pudor ou por querer abrigar a emoção, uma vez na Villa Serbelloni não tive pressa, não me lancei para o *aliscafo*. Deixei as semanas passarem, cumpri os programas coletivos, fiz turismo no lago, trabalhei, socializei com os colegas como se nada mais importante me esperasse. Meu pensamento não se afastava de Albavilla.

Até que escolhemos o dia, avisamos que voltaríamos tarde. Dessa vez fomos de ônibus, costeando o lago pela estrada estreita, imersos na placidez da luz esverdeada que parecia emanar da água ou continuá-la. Uma hora de curvas, e estávamos em Como. Perguntando, soubemos que já não havia trenzinho, tomava-se um ônibus. Albavilla, cujo nome eu dizia com modéstia temendo que as pessoas nem o conhecessem, era sabida de todos, havia deixado de ser uma cidadezinha de nada, para tornar-se um centro cheio de indústrias.

A espera no ponto, o ônibus grande e confortável que em Albavilla apenas faria uma parada, seguindo para outras cidades, nada disso estava no meu imaginário. Teria preferido o trenzinho escuro e sacudido, a chegada na estação modesta. Mas nas viagens ao passado há que contentar-se com meios de transporte modernos.

Um sol gentil conseguia driblar as nuvens. O ônibus avançava em estrada e paisagem diferentes das que eu havia conhecido, fábricas em lugar de campos, galpões em lugar de fazendolas, inscrições publicitárias, casas, pequenos prédios. De vez em quando, o nome de alguma cidade na sinalização restabelecia a antiga familiaridade. Mas a paisagem era apenas complementar, eu me sentia toda lançada para a frente, para aquele encontro com um tempo que já não existia, aquele encontro de amor.

Uma placa, o ônibus acostou, saltamos. Os meios de transporte modernos têm a vantagem da velocidade, os quase quarenta minutos do trem haviam sido reduzidos a vinte. Naquela ocasião, porém, buscando retornar a antigos tempos, não era velocidade o que eu queria. E tendo saltado uma parada antes do devido, prosseguimos a pé.

Da estrada, antes mesmo de atravessar, eu a vi. Minha casa plantada na encosta, lá no alto, sozinha em meio ao verde, minha casa com os detalhes agora pintados de vermelho, casa que nunca foi minha e nunca deixou de sê-lo. Entramos em uma rua tranquila bordejada de *villini* — pequenas vilas — e altos pinheiros, desembocamos numa praça.

A praça principal, talvez única, a praça da escola, Piazza Roma. No meu tempo a escola estava desativada, o grande prédio antigo e imponente, com alisares de pedra, abrigava um QG de camisas-negras, um ir e vir nervoso de homens e veículos. Não era lugar do qual eu gostasse de me aproximar. Nem eu nem outras crianças. Agora uma nova ordem parecia compor o portão encostado, a fachada de janelas abertas, as venezianas pintadas de verde. No alto, as letras gravadas, "Scuola di Stato", haviam readquirido o sentido.

Mas aquele abeto ao lado era o mesmo de então, embora mais frondoso, e o gramado onde o primeiro calor plantava minúsculas margaridas era igual ao que eu pisara alguma vez com pés pequenos.

Uma rua larga e agora asfaltada contorna a escola, desaguando no prolongamento da praça. Ali, rodeada de arbustos podados, talvez azaleias, a igreja.

Não haviam sido fundidos os sinos daquela igreja pequena da pequena cidade, e naquela manhã de Páscoa de 45 tocavam como se em tempos de paz, chamando os fiéis. Nós não éramos exatamente fiéis, não frequentávamos a igreja, mas porque era Páscoa meus pais — mais provavelmente minha mãe — decidiram que iríamos à missa.

A alta neve do inverno havia derretido, eu já não precisava usar botas. E pela primeira vez em tantos meses vestia roupa nova. Uma saia marrom de alças largas havia sido feita aproveitando o tecido de calças velhas do meu pai e, vinda não sei de onde, eu usava uma suéter de mangas curtas de lã angorá azul-hortênsia. Não é uma cor que se esqueça, não quando está sendo usada pela primeira vez e o toque é tão doce sobre a pele. Não quando, descendo ao redor do pescoço mas sem alcançar o peito, há um colar de contas de vidro do mesmo tom de azul.

Havíamos acordado cedo naquele dia. Abrir a janela no quarto do sótão era como abrir as asas e voar sobre a encosta, sobre os distantes telhados de Albavilla, e mais longe os três lagos que a distância fazia pequenos como poças. Naquela manhã, que amplas haviam sido minhas pequenas asas para abranger a rósea espuma das flores derramada montanha abaixo. Todas as árvores frutíferas estavam em festa e pareciam cintilar de frescor atendendo ao chamado dos sinos.

Descemos a pé — e de que outra maneira seria possível? — pelo caminho irregular e pedregoso, até chegarmos à cidade, aquela cidade que pouco ou nada frequentávamos, mas que naquele dia nos convocava em comunhão como se não se erguessem, no horizonte, as colunas de fumaça da Milão bombardeada.

Eu era uma menina de roupa nova que pela mão do pai cruzava a praça em direção à igreja. A alça da saia escorregava sobre o ombro. Talvez por isso, porque quis ajeitá-la sem largar a mão que me levava, ou por ter virado a cabeça de repente em meio a tantas coisas que me chamavam a atenção, ou por um nada, por um jeito qualquer, rompeu-se o fio do meu colar e todas as contas foram ao chão. Meu colar cor de hortênsia.

Quis catar as contas, mas, espalhadas entre os paralelepípedos, metidas nas frestas, eram difíceis de achar. Os sinos tocavam, os adultos tinham pressa de entrar, "Vamos, Marina, vamos!" Uma conta a mais juntou-se ao montinho na palma da mão, e tive que abandonar o resto.

Durante a missa, várias vezes abri a mão para contar as contas que aprisionavam no vidro pequenas bolhas de ar. Mas por mais que contasse eram poucas, jamais poderia recompor meu colar.

Não lembro como fizemos a mudança de Como para Albavilla. Sei que, chegando lá, subimos galgando lentamente a estradinha áspera. Talvez os adultos carregassem alguma mala, mas não tenho como lembrar, porque Arduino e eu íamos alguns passos à frente, ávidos de novidade, olhando para todos os lados menos para trás.

À esquerda, além de uma cerca rala de arame farpado, terras aparentemente incultas, sabe-se lá de quem, e um pequeno bosque que eu saberia depois ser de castanheiras. À direita uma espécie de grande jardim um pouco selvagem ou bastante malcuidado que nos acompanhava ao longo da subida. "É o nosso?", perguntamos abismados olhando, ainda sem ver a casa. Não era nosso, mas o seria por alguns meses. Pertencia a um velho senhor judeu, refugiado na Suíça, de quem o havíamos alugado através de um advogado.

Paramos diante de um portãozinho de ferro, subimos uma escada, andamos mais um pouco, e havíamos chegado.

Um chalé de três andares, o último sendo um sótão. Uma varanda longa e larga, de madeira, diante das janelas do segundo andar. As paredes todas cobertas de hera até o teto. Diante do chalé e ao seu lado esquerdo o chão prolongava-se em um terraço debruçado sobre a vista, bordejado por uma grade que coluninhas de cimento encimadas por vasos pançudos separavam a intervalos regulares.

Aquela casa verde como um arbusto, que estremecia a qualquer vento no mover-se das folhas, me pertenceu desde o primeiro instante.

Ali, ao contrário do que acontecera em Como, seríamos duas crianças livres. Os espaços que na sala escura frente ao Duomo buscávamos nos livros estavam ao nosso redor. Nada era previsível no sobe e desce de escadas e caminhos que serpenteavam pela encosta. Sem ter mais governanta e sem riscos aparentes, poderíamos ficar soltos o dia inteiro, sumir no verde. Pela primeira vez a independência nos tomava no colo.

Onde foi que Manfredo conseguiu a cabra? Uma bela cabra forte e branca chegou um dia, recebida em festa. Alimentaria as crianças. Revelou-se um portento. Não tenho ideia da produção de leite das cabras, mas aquela dava muito mais do que o esperado, eu ousaria dizer cinco litros por dia, se não me parecesse impossível. Fosse como fosse, era uma quantidade assombrosa, que meu pai alardeava com orgulho de proprietário. Passamos a tomar leite todo dia.

De uma hora para outra, fim da fase de peru, adeus couve-flor. Vieram, ou já estavam lá, algumas galinhas generosas que, pessoalmente pouco envolvidas na guerra continuavam pondo seus ovos com louvável diligência. Muitos catei no mato ou no ninho, tantos furei nas pontas e mamei ali mesmo. Houve pintinhos. Houve até mesmo um coelho, delicado angorá branco de olhos cor-de-rosa, que eu ia visitar no viveiro. Teve vida breve mas não creio que o tenhamos comido, porque lembro da minha mãe escovando-lhe carinhosamente o pelo.

Havia frutas. A *amarena*, uma espécie de cerejeira quase no limite da propriedade era cavalo dócil e lanche garantido. E que graciosas ficam as cerejas penduradas em par sobre as orelhas, brincos vivos, rubis. Do alto, fazíamos espionagem industrial do milharal do vizinho, que invadimos uma tarde, secretos, para arrancar as barbas ruivas acima das espigas, com as quais imaginávamos fazer perucas — metidas em um saco, escondidas atrás do galinheiro, apodreceram antes de qualquer uso. Havia pés de ameixa branca cujo lento amadurecimento minha mãe acompanhava dia a dia, ansiando pelo momento generoso da colheita. E pés de caqui. De nenhum comemos. Embora nunca víssemos ninguém por perto, tudo o que fosse de comer era muito cobiçado, outras mãos estavam à espera e agiram rápidas em uma única noite, despindo as árvores de sua riqueza. Devo ter adquirido então o hábito, que ainda conservo, de preferir frutas verdes. Antecipar meu desejo revelou-se uma boa maneira de garantir o produto.

Em tempos anteriores, a horta abrigara estufas baixas para criação de morangos, mas em vão procurei alguma plantinha supérstite entre as estruturas enferrujadas já sem vidros. Só encontrei lagartixas. Sobravam cenouras, porém, que arrancávamos do chão e lavávamos na grande tina de madeira debaixo da torneira.

Havia também saladas selvagens, dentes-de-leão, que eu ia catar para meus pais. Sozinha, uma tarde, num canto do jardim, estendi a mão para o chão e entre as folhas deslizou uma serpente, uma serpente magra e verde como um regato. Rápida, escalei a macieira mais próxima, abriguei-me num galho. Olhava do alto e parecia-me ver um rebrilhar de escamas. Olhava ao redor e as maçãs eram verdes como a cobra. Não tinha coragem de descer, minha voz assustada não ia longe, ninguém vinha por mim. Mas, tempo passando, pareceu-me que pior seria continuar lá em cima, no escuro, cercada por seres deslizantes. Desci de um salto, corri para casa levando o troféu da minha narrativa. O medo, porém, havia sido maior do que eu jamais seria capaz de contar.

Hoje, pensando naquelas pobres saladas que nos faziam tão contentes, lembro de uma cançãozinha infantil que dizia assim: "*Maramao perché sei morto?/Pan e vin non ti mancava/l'insalata era nell'orto/Maramao perché sei morto?*"

(Maramao — e Maramao é nome típico de gato, puramente onomatopaico — por que você morreu?/Pão e vinho não te faltavam,/a salada estava na horta./Maramao, por que morreu?) Para os italianos, a vida é impensável sem pão, vinho e salada. Mas isso, é claro, em tempos de paz, quando se considerava que um homem adulto saudável devesse consumir meio quilo diário de pão. Naquele momento, dos três itens indispensáveis só tínhamos mesmo a salada.

O pão verdadeiro, alvo de sucessivos e cada vez mais ferozes racionamentos desde 1941, faltava agora de todo. Não havia farinha de trigo, havia de milho, nunca comi tanta polenta como naquele período, mas de trigo, nada. Assim mesmo conseguia-se às vezes uma coisa eufemisticamente chamada pão, que não era sequer um *surrogato*, mas uma contrafação nojenta. Cheiro de mofo, sempre úmido, cor escura, suspeita. Dizia-se que era feito com fubá, serragem, pó de mármore. E talvez fosse.

Também havia muito faltava café. Outra paixão italiana, o café. Porém, perdidas as colônias da África, perdida qualquer possibilidade de importação, ficava apenas a paixão. Que se enganou a princípio com cevada e depois quase que exclusivamente com chicória. Não tenho ideia do gosto, nem de como fosse preparado, sei que vinha em xicrinhas como se fosse café, e os adultos a tomavam como se idem. Queixando-se, porém.

A tomavam quase sem açúcar, porque açúcar era outro item racionadíssimo, praticamente inexistente. Nem pensar em sobremesas, mas isso, na mesa italiana, não é ausência das mais graves. O que, sim, fazia falta, pelo menos para nós crianças, eram balas, guloseimas. E havia que esquecer o chocolate. Com a mínima colherinha de um conjunto de chá para boneca, várias vezes dei bicadas no açucareiro. Descoberta, fui severamente repreendida, o açúcar era indispensável para disfarçar o gosto do café/chicória dos adultos. Se hoje não sou amante de doces, teria todo o direito de atribuí-lo ao treino imposto ao meu paladar por aquela privação. Mas se o fosse, estaria igualmente autorizada a considerar o constante desejo como uma indenização. As situações adversas da vida são cabides generosos que aceitam qualquer roupa que se lhes ponha em cima.

E não havia mais cigarros. Meu pai trazia alguns, de Como, conseguidos no mercado negro e fumados pelos dois em êxtase. Das guimbas despedaçadas faziam tabaco. Com que minha mãe alimentava o fornilho do seu cachimbo. De madeira nobre, longos e delicados, cachimbos como aquele haviam sido criados especialmente para as senhoras e para aquele momento. A elegância do gestual com que se manuseava a bem-sucedida peça de *design* ajudava a esquecer a miséria das guimbas.

Tomávamos leite todo dia, mas ainda assim sobrava, a cabra era mesmo um portento. Jogar no lixo o excedente estava fora de questão, uma vez que o próprio conceito de excedente estava fora de questão. Não foi difícil chegar à ideia de queijo, antiga como os pastores, mas quando surgiu brilhou como a estrela que iluminaria nosso reduzido cardápio.

Manfredo providenciou livrinhos explicativos conseguidos através da Confindustria e obteve com facilidade os potinhos de terracota apropriados — a argila não havia sido racionada. Apesar da excitação com os preparativos, a operação queijo não parecia complicada. Coube à minha mãe, embora não afeita a atividades semelhantes, assumir a responsabilidade pela produção.

Uma gruta existente debaixo do terraço fronteiriço à casa pareceu a todos lugar ideal. Adega no tempo em que havia vinhos, despensa no tempo em que havia gêneros, escura e fria, saberia embalar o sono com que o leite, nas fôrmas, se adensa e se transforma. E começou a função. Que logo se revelou bem mais complexa que o previsto.

Tudo era uma questão de tempo. Como um velho na cama, os queijos ainda não queijos tinham que ser virados de tantas em tantas horas. E eram todos iguais. Para driblar a similitude, minha mãe criou bandeirolas coladas em palitos, nas quais anotava os horários de cada um. Cheia de bandeirolas brancas que se destacavam na escuridão, a prateleira das fôrmas parecia agora um exército de cavaleiros medievais prontos para o ataque. E nenhum queijo ainda estava completo, enquanto o leite continuava a sobrar.

Prontos os primeiros, depois de um tempo que, talvez pela sofreguidão, pareceu a todos enorme, soubemos que era preciso deixá-los maturar por mais alguns dias. E eis que enfim, não sem sacralidade, o primeiro foi conduzido à mesa. Estava reservada a meu pai a honra de cortar aquele que marcaria uma virada fundamental em nossa, digamos assim, dificultosa alimentação.

Suspense ao afundar da faca. Rostos debruçados. Minha mãe pronta para receber os elogios. Um segundo corte concretizou a fatia. A fatia foi erguida na ponta da faca.

Desilusão.

Minúsculas criaturas agitavam-se diante dos nossos olhos, ali, no ar, na ponta brilhante da lâmina. Os vermes que habitavam o queijo, que haviam crescido com ele, apresentavam-se ao ar livre.

Há que louvar meu pai. Para minimizar o constrangimento da minha mãe — e porque era do seu feitio —, tomou o garfo e, declarando que os franceses comem com prazer queijos putridíssimos, devorou a inteira fatia. Sem estremecimentos.

Da queijaria na gruta nunca mais se falou.

E bebemos mais leite.

Esquecidos os queijos, meu pai pediu que buscássemos caramujos. Fica mais aceitável se eu disser *escargots*, o falar gastronômico transforma o mesmo animal em iguaria. O jardim estava cheio deles, apareciam depois da chuva arrastando sua casa e sua modéstia, e Arduino e eu cantávamos musiquinhas para levá-los a desembainhar os pequenos chifres. Mas outras eram as intenções de meu pai. Sugeriu que juntássemos vários de cada vez e os aprisionássemos debaixo de vasos emborcados — vasos vazios também havia muitos, resíduo dos tempos em que flores pareciam mais importantes que *escargots*.

Não eram difíceis de achar. Apesar de a casca ter um certo poder mimético, o rastro brilhava sobre chão e folhas como uma fita de prata. Para nós dois era uma brincadeira e algo mais, uma caçada para a qual estávamos autorizados. Durante dias emborcamos vasos sobre pequenas colônias, subindo e descendo pelos caminhos. Meu pai recolheu alguns, depois pareceu esquecer o assunto. Pode ter achado que purgá-los durante uma semana alimentando-os só de folhas de alface — que folhas de alface?! — e depois lavá-los com vinagre fosse trabalho excessivo para criaturas tão pouco alimentícias. Pode ser que, mesmo sem musiquinha, os primeiros tenham exposto seus pequenos chifres, enternecendo-o. O fato é que nunca os vimos cozidos e, passados alguns dias, começamos a desemborcar os vasos. Sem valor de caça ou de panela, até mesmo os chifrinhos deixaram de nos interessar.

Porque era tão grande e atraente o parque que nos rodeava, porque estávamos nas férias ou porque não havia livrarias em Albavilla, o fato é que agora líamos menos. E, lendo menos, ficávamos mais sozinhos. Remediamos instintivamente criando dois amigos imaginários. Eram da nossa mesma idade e, como nós, um casal de irmãos, ele Nino, ela Pia. Discretos e disponíveis, juntavam-se a nós quando convocados, ou permitiam que deslizássemos para dentro da sua pele, deixando a nossa em repouso por algum tempo. Foram nossa companhia durante anos, amizade sadia, sem conflitos ou invejas, sem competição. Com eles fomos aviadores, piratas, exploradores.

Com eles, em Albavilla, demos início à construção de uma cidade.

Explorando a parte mais alta da propriedade, lá no alto aonde meus pais nunca iam, havíamos descoberto um bosque fechado de jovens abetos. As árvores surgiam a pouca distância umas das outras, o suficiente apenas para permitir o espalhar-se dos galhos que despontavam do tronco, rente ao chão, formando uma barreira intransponível. Aquele bosque era como um enorme, compacto, bloco verde. Um bloco que exigia ser desvendado.

Nossa primeira investida se deu rastejando por baixo dos galhos. Machucamos as mãos, o peito e os joelhos ficaram imundos, as costas e os cabelos cheios de raminhos secos, o pescoço arranhado. Apesar do sacrifício, não avançamos quase nada. Repetimos a tentativa de invasão no dia seguinte, mas o esforço não nos levava a qualquer resultado positivo, adiante não havia nada de mais ameno. A necessidade de um equilíbrio custos/benefícios fez surgir a ideia. Que não foi minha, nem de Pia, mas de Arduino e Nino, os quais, estruturado o plano, se armaram para executá-lo.

O canivete — presente que, para minha secreta humilhação, só Arduino ganhara — revelou-se logo insuficiente. Fomos buscar o machado meio sem fio, que jazia semiabandonado em uma casinha de ferramentas. E demos início ao trabalho.

Nada teria que ser alterado na fachada do bloco, para que os adultos não soubessem o que estava em curso. Continuaríamos a entrar rastejando. Passados alguns metros, porém, começamos a desbastar os galhos de um lado e de outro, ultrapassando nossa altura. Era a abertura da primeira rua, com que seguimos adiante por alguns metros. Ao longo dos dias, evoluímos abrindo uma bifurcação, e logo uma pracinha nomeada praça e batizada Roma. O avanço era lento, os planos, ambiciosos. Nada podia transparecer do lado de fora, nada devia ser desperdiçado. Juntávamos no chão os galhos abatidos com que construiríamos nossa casa, e coletávamos a resina que escorria dos troncos feridos, certos de que em algum momento nos seria útil, como cola ou combustível — difícil era tirá-la dos dedos e unhas antes de voltarmos para casa.

Havíamos fazia pouco construído nossa cabana de galhos, pequena mas suficiente para nós quatro, quando fomos invadidos. Um ruído, um mover-se, e eis que meu pai, Gulliver agachado, adentrou na Praça Roma. Havia ouvido nossas vozes, percebido rastros que acreditávamos invisíveis. E, embora parecesse mais divertido que zangado, cortou de maneira radical nosso esforço colonizador.

Quando, acabada a guerra, devolvemos a casa ao proprietário, aquela casa em que, como era costume da família, nem um prego havia sido cravado nas paredes, aquela casa miraculosamente preservada em meio a tanta destruição, o velho reclamou duramente do nosso trabalho no bosque, dizendo que havíamos arruinado uma plantação destinada à venda. E exigiu uma indenização.

O mesmo machado sem fio teve ainda outra utilização, desastrosa. O eixo de madeira que segurava as rodinhas do meu velho carrinho de boneca havia quebrado, e Arduino, arvorando-se em mecânico, partiu para o conserto. Procurou um galhinho apropriado, descascou-o, tomou a medida e, mantendo-o seguro contra um tronco de árvore com a mão esquerda, ergueu com a outra mão o tal machado cego. E cego era certamente porque, em vez de acertar o galhinho, cravou seu peso na unha do polegar do meu irmão. Dor, sangue, susto. Revelar em casa a verdade equivaleria a ampliar o desastre com o acréscimo de uma repreensão ou até mesmo de um castigo. Lavamos longamente o dedo debaixo da torneira da horta, esperamos diminuir o sangramento. Quando foi inevitável voltar, inventamos a história de um tropeção, um tombo, a mão batendo justamente sobre o machado abandonado no chão. Por pura economia emocional, meus pais fingiram acreditar.

Na manhã em que voltei a Albavilla com Affonso, o portão da igreja estava encostado. Entramos. Mas, ao contrário do que esperava, o interior nada me disse. Naquela Páscoa distante, eu havia estado demasiado ocupada com as contas do colar, com a suéter macia quanto o coelho da minha mãe — não, não havia sido feita com o pelo dele — e com tantas pessoas estranhas ao redor, para deter-me em estátuas e candelabros. E agora era como se, por dentro, aquela não fosse a mesma igreja. Ainda assim, antes de sair, agradeci que me tivesse sido concedido voltar.

Não havia quase ninguém nas ruas. Manhã cedo, estariam todos trabalhando, a maioria em Como. Passavam poucos carros. Vimos uma floricultura, uma loja de gêneros alimentícios com abundância de frutas e legumes expostos do lado de fora. Sim, o tempo da guerra havia ficado para trás.

A casa, no alto, continuava isolada como então, agora apenas precedida na encosta por outra, mas a boa distância. Antes eram três, distribuídas em leque, mas tão afastadas e envoltas em verde, que cada uma estava só. Como alcançá-la? De onde estávamos não se via nenhum caminho.

Albavilla se estende ao comprido, como se acompanhando a base da montanha, mal e mal abrindo-se em ruas e ruelas tortuosas que parecem querer esconder-se entre as casas. Escolhemos uma, não porque me fosse familiar, mas porque aparentava voltar-se na direção certa, e começamos a obedecer-lhe. Passava um pouco das nove e trinta. Logo saímos da cidade.

Que secreto encanto têm esses caminhos antigos que como rios escorrem entre muros de pedra, para abraçar-me a alma com tal intensidade? Heras revestem alguns pontos, do alto jorram tufos de flores silvestres, lagartixas fogem rápidas entre frestas. E tudo parece ter a idade do mundo.

Sempre em subida, fomos sendo levados por intermináveis estradinhas que aqui e acolá se desdobravam em escadas ou se abriam em bifurcações que nos víamos incapazes de decifrar. Paramos diante de um chalé transbordante de glicínias em flor, mas não era o meu. Paramos diante de uma casa com uma gruta abaixo de um terraço envidraçado, mas não era a minha. Subimos e subimos. Paramos porque a vista dos telhados entrelaçados lá abaixo nos chamava. Os três lagos cintilavam ao longe. "Meus lagos!", exclamei em silêncio, e mais que uma resposta era uma invocação. Paramos adiante, que o fôlego fazia-se curto. E paramos mais uma vez porque o tempo havia acompanhado nossos passos e, meio-dia chegado, os sinos batiam no alto da torre da igreja, os sinos batiam como naquela manhã de Páscoa, e eu não era mais uma menina de suéter cor de hortênsia mas a mulher que havia ido buscá-la, e que fechava a mão sobre as contas de um colar perdido.

Durante todo aquele verão, meu pai havia falado com entusiasmo e segurança da arma secreta que os alemães estavam ultimando, e que mudaria o destino da guerra. Secreta como — eu me perguntava —, se ele sabe? Em setembro, a V2 foi lançada sobre Londres. E o destino da guerra não mudou.

Mas os alemães continuavam rechaçando os ataques aliados na Linha Gótica, barrando seu acesso ao Vale do Pó, impedindo que tomassem a ambicionada Bolonha. Em Roma e abaixo de Roma já se abriam processos contra os fascistas, acima a parte mais rica da Itália continuava nas mãos do governo da República de Saló e dos alemães que o controlavam.

Um número crescente de jovens fugia para as montanhas, indo juntar-se aos grupos de resistência.

Que a guerra, porém, não impedisse nossa boa educação. Estudávamos piano, em Como. E uma tarde, logo depois do almoço, pela mão de uma prima um pouco mais velha que havia algum tempo morava conosco, eu esperava o trenzinho que nos levaria para a aula, quando ouvimos o ronco de bombardeiros. Era um ronco intenso, de formação.

Havia, perto da estação, um campo de treinamento de aviadores. A formação aproximando-se, aqueles homens todos saíram correndo dos hangares e alojamentos, certos de serem o alvo do ataque. As silhuetas escuras já despontavam no céu, e os homens debandavam, cada um em uma direção, iguais em seus uniformes azuis, como um bando de insetos em fuga. Mas as silhuetas, agora visíveis acima de nossas cabeças, as silhuetas brilhantes e bem desenhadas de numerosos bombardeiros, seguiram em boa ordem sem despejar uma única bomba. Quando o alvo era importante, os Aliados faziam formações maciças.

"Você volta para casa," ordenou a prima em tom decidido, "eu vou para Como". O trenzinho vinha chegando, não havia nem tempo, nem situação, para discussões. Virei as costas e comecei a andar para atravessar Albavilla.

Eu comecei a andar e, de repente, o chão tremeu debaixo dos meus pés. O chão tremeu e eu ouvia o estrondo das explosões, e desandei a correr, e via gente correndo ao meu redor mas só pensava em chegar em casa, e corria sobre aquele chão movediço, corria aos prantos, e se chamava por minha mãe era em silêncio porque não havia fôlego e eu precisava correr, atravessar a cidade, subir o caminho todo e não cair, não cair nas pedras, e chegar ao portãozinho de ferro, subir a escada e então, sim, gritar, gritar pela minha mãe, que ouvisse meu chamado acima das explosões e viesse me salvar.

Vimos o resto do bombardeio do alto da varanda do segundo andar. Eu já no colo, Arduino não mais preocupado em debochar do meu medo. O alvo da formação havia sido bem maior que o campo de treinamento. A carga dos aviões estava destinada a Erba, cidade a cerca de cinco quilômetros de Albavilla.

Ninguém na região suspeitava disso até então, mas a inteligência aliada fora informada de que havia em Erba um grande depósito subterrâneo de combustível. Daí a força das explosões, o tremor do chão. As labaredas subiam ao céu altíssimas desdobrando-se em rolos de fumaça, e os aviões se afastavam enquanto nossa família abraçada olhava impotente do alto da varanda.

Saberíamos depois como a praça estava cheia de mulheres que, aproveitando a tarde de sol, lavavam roupa no enorme tanque comunitário de água corrente, antiga herança renascentista. Saberíamos como tudo havia saltado ao ar revelando o perigo escondido, o perigo secreto sobre o qual, em favor de um possível êxito de guerra, os inocentes moradores haviam sido levados a viver com seus filhos.

Nunca fui a Erba, nem então, nem em 99. Foi reconstruída, sei disso, nada lembra o que passou, e muitos dos que lá moram só sabem do bombardeio como um fato da história. É um assunto do qual não se fala mais. Só para mim, Erba nunca deixou de ser uma cidade em chamas.

Dia a dia, o outono alterava as cores da hera que envolvia nosso chalé. O verde dissolvia-se aos poucos em tons castanhos de toques avermelhados. Quanto mais fraco o sol, mas incendiada parecia nossa casa. Até que tudo foi vermelho. A casa-árvore havia-se transformado em casa-raposa, casa-labareda.

Fim das férias, mais uma vez fomos estudar na casa da professora local — os novos ocupantes da escola dispensavam seus serviços.

Morava numa ponta da cidade, ao pé de uma alta ladeira. Para chegar até lá, o caminho costumeiro da nossa casa — escadinha, portão, terra e pedras — não servia. Seguíamos, os dois sozinhos, em direção quase oposta, por uma aleia larga do jardim ladeada por canteiros, que terminava diante de um grande portão de madeira. Dálias cresciam nos canteiros, e eu me encantava diante das maiores, cor de vinho, perguntando-me como era possível que a textura tão veludosa e de cor tão intensa se renovasse idêntica nas pétalas a cada nova brotação. Ultrapassado o portão, saíamos da nossa propriedade, e bastava essa consciência de extraterritorialidade para acionar nosso sistema de atenção e alerta. Em breve, atravessávamos um longo campo. E depois de mais alguma marcha alcançávamos afinal o topo da ladeira.

Ver a cidade estender-se abaixo era como já tê-la ao alcance. Descíamos devagar.

Não tenho nenhuma lembrança física do interior daquela casa. E, embora saiba que a minha primeira professora, em Porto San Giorgio, era pálida e flexível, de cabelos escuros e rosto alongado, dessa nada poderia dizer. Arduino e eu éramos estranhos naquele ambiente. As outras crianças, nascidas na pequena cidade, filhas de amigos ou parentes ou conhecidos da professora, vinham com ela de um longo percurso. Nós acabávamos de chegar da cidade grande, filhos de um homem do partido, que havia alugado a casa do velho senhor conhecido de todos e ainda assim obrigado a fugir para a Suíça. Éramos uma categoria especial de invasores, quase *sfollati*, desalojados, diferentes sem o ser, de quem mais valia desconfiar. Não fizemos qualquer amizade entre aquelas crianças, nenhuma delas veio à nossa casa brincar ou nos convidou à sua.

Já então havia-se tornado perigoso andar de bicicleta pelas estradas. Temiam-se os pilotos dos caças aliados que vez por outra, para desafogar a pressão das batalhas, metralhavam aqueles pequenos alvos móveis. Não só na Itália. Na Áustria, no último dia da guerra, o marido da minha atual vizinha em Friburgo, Sra. Joana Taubtinger, foi metralhado quando voltava enfim para casa, pedalando.

Ainda era outono quando Arduino e eu invadimos secretamente o terreno do lado esquerdo da cerca. Contra a minha vontade, é claro, sempre temerosa do ilícito. Pois, embora nada houvesse naquele terreno a demarcar posse, nem casa nem plantação, essa ausência não autorizava nossos avanços. Felizmente, eu era voto vencido. Passamos por debaixo do arame farpado. Avançamos sorrateiros. Ninguém para nos ver, e ainda assim a prudência se impunha. Havia o perigo de sermos vistos de longe e delatados a nossos pais.

Foi uma tarde inteira de emoção e descobertas, digna dos grandes exploradores cujas aventuras líamos nos livros. Desejávamos e temíamos que houvesse animais na grama alta, cobras com certeza. O risco era nossa recompensa. Entramos no sombrio bosque de castanheiras com o braço erguido, gesto de defesa com que um de nossos heróis literários impedia que o laço de seda arremessado pelos adoradores da deusa Kali o estrangulasse. As copas entrelaçadas eram a abóboda de um templo, os troncos se erguiam como colunas, e os ouriços espalhados pelo chão substituíam satisfatoriamente os crânios das vítimas oferecidas à deusa.

Voltamos nos dias seguintes. Aquela grande extensão sem trato, agreste, era novidade sedutora para nós, citadinos acostumados apenas aos canteiros e gramados bem aparados de praças e parques. Não havia caminhos, os pés avançavam tateando. Uma tarde descobrimos as nogueiras, e as nozes no chão. Foram elas que acabaram nos delatando.

As nozes, quando caem, não estão no osso. Vêm recobertas por uma casca verde, bem mais macia que a interior.

Primeiro tentamos tirá-la com as unhas, em seguida descobrimos que podíamos quebrar a noz entre duas pedras, deixando parte da casca verde. Mas no interior o conteúdo também é diferente. A película fina, que no fruto seco se torna comestível, é na fruta fresca irmã do fel e tem que ser retirada com cuidado para não contaminar tudo com seu amargor.

Comemos várias daquelas nozes, aplicados na remoção da película. Não demos importância aos dedos manchados de preto, lavaríamos depois. Depois, porém, não houve o que tirasse as manchas. Água, terra, grama, tudo tentamos, tudo esfregamos, apenas para descobrir a força inabalável da tintura de noz.

Em casa, os dedos manchados levaram a perguntas, as perguntas levaram à confissão. E, para nossa total surpresa, a confissão foi recebida com alegria. As nozes eram bem-vindas, e as castanhas, ah! as castanhas foram abençoadas, ajudariam a resolver o problema alimentar.

Feita uma grande colheita, os ouriços empilhados no sótão formaram uma montanha, da qual até o final do inverno retirou-se diariamente a quantidade necessária para o nosso lanche. Farinha de castanhas já era utilizada na culinária italiana para fazer uma espécie de bolo pesado, o *castagnaccio*, e durante a guerra muitos sobreviveram graças a ela. Entretanto, aquelas castanhas cozidas sem açúcar, só com uma ponta de sal, saborosas e quentes, não pareciam ao nosso paladar infantil um expediente para matar a fome, mas delícia plena que nunca mais conseguimos reproduzir.

O terreno abaixo, embora ninguém tivesse se lembrado de nos dizer, era parte do nosso próprio jardim.

O sinos tocavam como na Páscoa agora distante, mas não era aquele o caminho que a menina havia percorrido correndo e chorando na tarde do bombardeio. Erramos desde o começo, Affonso e eu, entrando pela ruela lateral à igreja. Por aquela rua eu havia feito percurso inverso, descendo do chalé com a família, para ir à missa. Mas fora a partir da estação que eu começara a voltar para casa antes mesmo de o chão tremer debaixo dos pés.

Descemos, tentamos outro percurso. Tão semelhante ao primeiro, que parecia o mesmo. Escadas, musgos, muros, a lagartixa que foge, os tufos pendentes de flores, a subida constante. Diferente, tão pouco, a perspectiva dos telhados lá embaixo. Fôlego e tempo se fazem curtos.

Ainda avançamos mais um tanto, até chegar a uma chancela abaixada e um aviso proibindo ultrapassar. O caminho transformava-se em trilha, seguia além da chancela metendo-se por dentro de um bosque ralo. Mas eu continuava obedecendo aos interditos. Olhei entre o verde na última tentativa de encontrar o chalé. Dei uns poucos passos. No chão, junto ao meu pé, uma castanha lisa e brilhante como as tantas que nas tardes de inverno eu apertava entre os dentes, espremendo a carne doce e pastosa. Havia-se libertado do ouriço. Catei a castanha, alisei sua textura familiar, e a pus no bolso. Levaria de presente para meu irmão.

Começamos a descida. Sob o peso do céu agora encoberto, chuviscava. Quando chegamos embaixo, todas as lojas estavam fechadas, não se viam mais nem flores nem verduras expostas. A hora do almoço é sagrada na Itália. Não havia mais tempo, e estávamos demasiado cansados para nova tentativa. Só entrando no ônibus me perguntei se a estação ainda existiria, já que não havia mais trem. Pela janela, vi meu chalé lá no alto.

Veio o inverno. A primeira nevada de cada ano é sempre recebida em festa. Aquela nos surpreendeu ao acordar, crianças correndo à janela para ver o jardim acolchoado de silêncio, transformado pela capa branca que apenas permitia a aparição escura de um ou outro galho de abeto. A neve caía leve, sem pressa. Contava com vários meses pela frente.

Mesmo com neve era preciso ir à casa da professora. Mas o caminho já não era o mesmo. No tapete macio que agora cobria a aleia, nossos pés imprimiam cada passo como um desenho, e não havia mais dálias no canteiro. Fora do portão, ninguém nos caminhos ou no campo, só os corvos, com seu negro saltitar e seu chamado. Para nós tudo era novo, tudo exigia observação, e apesar do frio andamos devagar até alcançar o alto da ladeira.

Chegamos de volta em casa, enregelados. Meus sapatinhos finos, minhas meias, eram insuficientes para enfrentar a neve, os pés doíam horrivelmente. Custaram a recuperar a normalidade, mesmo depois de massagens. Na cozinha, com as pernas estendidas frente ao fogão a lenha, ainda chorei de dor, e depois ri, vendo-me como Pinóquio que em busca de calor adormeceu com os pés metidos no braseiro e ao acordar os encontrou transformados em carvões.

Precisávamos de botas. Mas onde encontrar botas àquela altura da guerra quando o couro era exclusividade do exército? Os sapatos, cuja compra fora inicialmente regulada por decreto — três tipos e três preços para os homens, dois para mulheres e crianças —, haviam sido racionados em seguida, e logo retirados do mercado. Como tudo o mais, circulavam só por preço absurdo e vias transversas. Durante muitos dias seguimos nosso caminho rumo ao estudo, com sapatinhos urbanos encharcados. Nem era possível calçar várias meias uma por cima da outra, o tamanho do calçado não permitia. Voltávamos chorando, estendíamos as pernas em direção ao fogão. E a neve ia ficando cada vez mais alta.

Uma noite, afinal, meu pai trouxe botas para Arduino, conseguidas a muito custo com algum artesão. Ainda nada para mim. Tive que esperar muitos dias. Quando afinal chegaram jantei abraçada com elas, botas de cano curto, atacadas, como usavam então os esquiadores. E em pura beatitude acariciei repetidamente com o rosto a sola lisa e luzidia, aspirei o cheiro de couro. Pela primeira vez, aquela noite fui dormir desejando que a hora de acordar chegasse logo.

Com a presença do frio percebi, na carne, uma coisa que meus pais sabiam desde o início. O chalé não tinha aquecimento. Havia somente uma lareira generosa capaz de aquecer a grande sala que se prolongava em sala de jantar. E mais nada. Lá fora, um metro de neve.

Nada aquecia os quartos, nada aquecia o banheiro. Um sistema simples ligado ao fogão da cozinha aquecia a água do banho. Mas as camas tinham que ser esquentadas passando uma espécie de frigideira tampada cheia de brasas, e garrafas de água quente ajudavam a manter a temperatura entre os lençóis. Ainda assim, nos encolhíamos em posição fetal lutando contra o frio. Os cobertores pareciam ter perdido seu efeito.

Meu pai saiu à caça de qualquer flanela, qualquer tecido quente com que se pudessem confeccionar pijamas. Mas, depois de muito procurar, a única coisa que conseguiu com seus amigos industriais foi um retalho abundante de seda de alta densidade, destinada à confecção de paraquedas. Penso que naquele momento, quando a aviação italiana já se encontrava destroçada, a indústria de paraquedas havia deixado de ser prioritária.

A chegada dos pijamas, feitos por uma costureirinha de Albavilla, foi uma farra. Mais que pijamas, eram macacõezinhos de mangas e pernas compridas, com uma espécie de janela abotoada, no traseiro. Rimos muito, Arduino e eu, dizendo que agora podíamos cair da cama à vontade, pois nosso pijama-paraquedas nos levaria lentamente até o chão. E pulamos muito sobre o colchão, e abrimos os braços, numa ilusória sensação de voo.

Milão foi a cidade mais bombardeada da Itália. Chamavam-se "bombardeios em tapete", o que pode ser entendido como bombardeios seguidos de bombardeios, ou bombardeios estendendo sobre a cidade um tapete de aniquilação. Se penso nas colunas de fumaça que se erguiam no horizonte, as vejo constantes e escuras como ciprestes, mas o bom-senso me diz que a distância as tornava finas e delicadas, fundidas às vezes na neblina, e que talvez se deslocassem de um ponto mais atacado a outro. Havia sempre mais de uma.

Me parece muito provável que, apesar dos riscos, Manfredo tenha ido a Milão, em dezembro de 44, ouvir aquele que seria o último discurso de Mussolini. Riscos não detinham meu pai. A cidade que em breve haveria de exibir seu cadáver em praça pública, pendurado pelos pés, recebeu o Duce com aplausos, não se sabe quanto espontâneos. Mas ele não repetiu a palavra de ordem "*Vincere!*", vencer, com que no início da guerra, falando do alto de seus imperiais balcões, havia levado as multidões ao delírio. Se a tivesse dito, teria visto em seguida, caminhando acompanhado ao longo das ruas semidestruídas, o quanto havia se tornado impossível.

Houve um avião especial com que Arduino e eu estabelecemos uma quase relação. Minha tendência é dizer "tivemos um caça...", porque havia se tornado tão familiar que era como se de alguma forma nos pertencesse, mas na verdade éramos nós que pertencíamos a ele. De qualquer modo, essa formulação teria sido complexa demais para a nossa idade.

Chamava-se Pippo. Ou antes, assim o chamávamos. O nome abrangia ao mesmo tempo piloto e máquina porque, sem nunca tê-los visto, juntos ou separados, constituíam uma unidade.

Pippo vinha à noite. Era, dizia-se, um avião de reconhecimento. Em todo caso, não de ataque. Lançava panfletos. Não fazia mal a ninguém, a não ser pelo fato de que entregava a suas bases o que via, para que depois outros o fizessem. Mas essa formulação também...

Gostávamos de Pippo porque não nos ameaçava, mas sobretudo porque fazia um barulho diferente e porque se arriscava. Pippo voava baixo; senão como ver, no escuro, aquilo que não queria ser visto? E voando baixo muitas vezes esbarrava nos galhos das árvores. Ou fazia barulhos como se esbarrasse.

Falo de Pippo e nos revejo, todos juntos debaixo da escada da casa, meu irmão, minha prima, eu e a empregada — havia uma empregadinha conosco naquele período, pouco mais que uma garota. É noite. Nossos pais foram a um jantar em Como, a vida social deles continua apesar da guerra. Agora que moramos mais longe, quando saem à noite não voltam, por causa do toque de recolher. Dormem na casa de amigos, e de manhã meu pai vai direto para o trabalho — as coisas se ordenam, mesmo em plena desordem.

A primeira coisa que em tempos de guerra se ensina às crianças é que, ouvindo ronco de avião, devem refugiar-se debaixo da escada. É o lugar mais sólido da casa — nas tantas casas bombardeadas que vi depois, sobrevivia quase sempre uma parte da escada. Não havendo escada, o vão das portas também serve, há um reforço ou viga por cima das portas, porém é defesa magra para mais de uma pessoa, e assim estamos todos embolados debaixo da escada, no escuro. A escada é de madeira, pouca proteção oferece, mas felizmente nenhum de nós pensou nisso, e naquele espaço apertado entre a chanfra dos degraus e a parede morna da cozinha nos sentimos seguros. A luz, apagamos assim que sentimos o aproximar-se de Pippo.

E agora as altas árvores do nosso jardim são um estorvo para Pippo. O trem de aterrissagem — ou seria a ponta da asa? — roça nos galhos.

Abraçados como uma ninhada, tentamos interpretar os ruídos. Queremos que Pippo caia e não queremos que caia. Que caia para que perca o jogo, e porque é inimigo. Que não caia porque não saberíamos o que fazer com ele, e porque inimigos podem fazer conosco coisas terríveis. E também porque não queremos perder a surpresa de suas vindas, desse Pippo fantasma acima do telhado, voando como um morcego ou um vampiro, de quem no dia seguinte procuraremos inutilmente rastros nas árvores ou panfletos nas moitas.

Pippo se afasta. Esperamos. Volta. Mais baixo ainda, desta vez, ou mais barulhento. Arrisca-se muito. Parece estar largando pedaços. Talvez caia. Apertamos o abraço que nos une. Que não caia, que não caia! O barulho metálico, arbóreo, ósseo de Pippo vai indo para longe, para o alto da encosta. "Quero fazer xixi", diz um de nós, certamente não a empregadinha. "Espera!", é a ordem coletiva. "Não aguento." Sair da proteção da escada, subir no escuro até o banheiro no segundo andar, quem ousa? Ninguém quer ir. E se Pippo voltar? Riso baixinho debaixo da escada. "Não ri, que eu faço nas calças." Mais risos debaixo da escada. Parece uma epidemia, de repente todos querem fazer xixi. Alguém sugere que se busque uma bacia na cozinha. Todos acham graça. Pippo dá uma folga. Pode ser que volte, pode ser que por hoje tenha cumprido sua tarefa. Mas a possibilidade de um retorno nos mantém retidos ainda por um tempo. Depois, aos poucos, começamos a rastejar para fora do esconderijo. Como bichinhos ainda mornos do ninho, deixamos aparecer uma perna, um braço, a cabeça. Uma tênue luminosidade vinda da lareira que ainda tem brasas, ou do fogão da cozinha, escorre nos cômodos apagados. Iremos ao banheiro, as duas meninas primeiro, os outros depois, um de cada vez, deixando a porta aberta para os demais tomarem conta.

Lá fora um piloto se arrisca voando baixo na noite para descobrir posições do inimigo. Na casa escura crianças riem tapando a boca para não serem ouvidas, enquanto uma delas abaixa as calcinhas.

Sinais na escuridão

Antes mesmo do Natal, ganhamos o trenó. Era um trenó simples, de madeira envernizada, mandado fazer num marceneiro de Albavilla. Porque não havia mais nenhum metal disponível, faltava-lhe por baixo o revestimento de ferro que garante o bom deslizamento. Mas isso só perceberíamos mais tarde. Era o nosso presente adiantado.

Apesar dele, foi preciso ir à "escola" na manhã seguinte. E como é possível prestar atenção nos cadernos quando em casa há um trenó novo, à espera? A partir dali, durante os quinze dias de férias de fim de ano, e depois enquanto houve neve, foi nosso melhor companheiro.

Nessa época, pela primeira vez desde a África, tínhamos um cão. Nenhuma bela raça como os que o haviam precedido, não era hora de requintes. Um vira-lata esperto, orelhas caídas, nem grande nem pequeno, nem bem preto nem exatamente marrom. Pergunto-me o que comia, quando ainda não haviam sido inventadas as rações caninas e estava-se desinventando a comida humana. Vai ver, gostava de polenta. De pura ingratidão, esqueci seu nome.

Todos os dias saíamos com ele, Arduino puxando o trenó por uma corda, eu ao lado. Duas crianças aventurosas e seu cão, três personagens pequenas a caminho, uma delas abanando o rabo.

Começamos deslizando nas encostas do jardim, as que não fossem cortadas por caminhos ou escadarias. Logo, porém, aquele espaço já conhecido não teve mais nada para nos contar. Sem avisar ninguém, nos evadimos dos limites familiares.

Agora íamos em descoberta de áreas sem dono, matos, floresta, em direção oposta à cidade. Sem saber onde estávamos, ninguém viria nos socorrer se alguma coisa acontecesse. Confesso, eu tinha medo. Um bosque é um bosque. E aquele, de coníferas sombrias e silêncio cortado apenas por um ou outro grito de pássaro, tudo podia conter.

De fato, abrigava mais acima, bem mais acima, um acampamento de SS.

Abrigava também, nas áreas mais fechadas, núcleos de *partisans*. Sabíamos disso, várias vezes havia sido comentado em família e com as crianças na casa da professora. Meses mais tarde, neve já derretida, quando voltamos ao bosque em busca de cogumelos selvagens para nossa mãe, não sei do que tive mais medo, se de me deparar com um SS, com um *partisan*, ou de colher inadvertidamente cogumelos venenosos.

Com a neve alta, entretanto, parecia justificado crer que ninguém escolheria sair ao desabrigo, e avançávamos com alguma segurança. Para nossa surpresa, um velho escolheu.

Surgiu de repente numa curva da estrada estreita, silhueta escura e encurvada, nem bem preta nem exatamente marrom. Assustados, nos preparamos para enfrentar sua ira porque arrastando o trenó transformávamos em gelo a neve da estrada. Haveria indagações, crianças não devem andar sozinhas longe de casa, quanto mais em tempos como aqueles. O homem parecia malévolo como malévolos são tantos velhos nos bosques literários. E já não dava para fugir, ele vinha na nossa direção.

— Garoto! — disse firme ao nos alcançar, olhando só para Arduino. Estremecemos. — Garoto! — repetiu. — Por que você não põe o cachorro para puxar o trenó? — Sorriu, e seguiu caminho.

A partir dali, sempre que a encosta permitia, passávamos a corda no pescoço do cão.

Voltávamos enregelados. Nas tardes curtas em que a luz se recolhia pouco depois das quatro horas, chegávamos quase sempre no escuro, não raro com a lua. Então na cozinha, onde nos era permitido molhar o chão, Arduino soltava os botões da boca das calças, e a neve que havia se infiltrado paulatinamente, compactando-se em bolas, rolava sobre os azulejos. Tinha calças compridas, Arduino, e uma jaqueta da mesma lã grossa, azul-marinho, resultantes de mais um desmanche de roupa velha. Mas a roupa velha não havia sido suficiente para dois, e eu continuava usando meus vestidinhos de lã, com bordados em ninho de abelha no peito e laço nas costas prendendo a cintura, meus vestidos que se faziam cada dia mais curtos, deixando as pernas desprotegidas. Havia suéter e capote, mas o capote tampouco havia crescido comigo e só me aquecia na parte de cima. Toda vez que uma descida de trenó terminava atolada em algum obstáculo, eu sentia a neve subindo pelas coxas, entrando por baixo da roupa, me gelando inteira. Faltava ainda inventar a meia-calça. Graças às botas, porém, e às meias grossas, já não precisava ter medo de acabar que nem Pinóquio.

O frio aumentando, minha mãe tricotou para nós dois tipos diferentes de luvas, talvez aproveitando os restos da famosa suéter de *cashmere*. Vestíamos primeiro a de cinco dedos, e por cima a manopla só com polegar, para manter a mão bem aquecida. Nem esse artifício, porém, foi suficiente para proteger Arduino, os dedos dele incharam, encheram-se de frieiras, e ele foi obrigado a renunciar às aulas de piano. Pelo resto da vida, haveria de referir-se a isso toda vez que nas conversas aflora o tema dos talentos musicais frustrados.

Fizemos presépio em casa, no Natal. Árvore, não, em parte porque já tínhamos tantas ao redor, e em parte porque não sendo uma tradição de fato italiana era combatida pelo regime. Revejo a mão do meu pai, tão grande, segurando a mínima manjedoura, e ouço a voz dele me mandando buscar musgo. Já quase escurecia. Peguei uma faca pequena para soltar as placas quando as encontrasse. Mas não havia nenhuma ao redor da casa, e fui subindo. Como em um filme, minha memória faz um corte, e eu estou no alto, onde a casa já não se vê, perto das antigas estufas de morangos. Venta, os pinheiros se agitam acima da minha cabeça, uma coruja pia. Abaixada sobre o musgo deixo cair os cabelos aos lados do rosto, que me escondam, que me impeçam de ver e de ser vista. Me fecho como uma concha, a cabeça quase entre os joelhos, as mãos soltando as placas com a faca que não saberei usar se alguma criatura escura, alguma criatura de unhas me atacar. Em pouco, tenho o que vim buscar, posso voltar. Levanto de leve a cabeça, o quanto me basta para olhar o caminho. Mas a escuridão chegou, vejo mais sombras do que quando vim, e as sombras, as sombras todas se agitam como os galhos dos pinheiros. Ficar me apavora, mas para voltar preciso abrir a defesa. Meço a distância e minhas forças, me levanto de um salto e vou, a pontezinha range, os bambus se inclinam querendo me agarrar, as pedras saltam debaixo dos meus pés, o frio me morde as orelhas, e eu vou em fuga do vento, desço, quase tropeço, corro e corro, até chegar afinal e atravessar a esplanada cortada pela faixa de luz que a porta aberta estende. Estão todos me esperando no calor da cozinha, deixaram a porta aberta apesar do frio, para me receber. Entrego o musgo orgulhosa, já podemos finalizar o presépio. Do medo nada digo.

Íamos pelos campos de manhã cedo. Alguém ou, quem sabe, os passos nossos e dos raros camponeses tiravam do caminho o grosso da neve. Ainda assim, se nevasse durante a noite, caminhávamos afundando até as canelas. Das folhas de hera que escalavam um ou outro murinho de pedra pendiam estalactites de cristal. A natureza nua puxava sobre as orelhas seu edredom branco, mas estalava sob a mordida do frio.

Pela primeira vez vi um fura-neve. Pequenas flores valentes, os fura-neves são os únicos que se atrevem a abrir caminho rumo à luz, varando a camada fria que pesa sobre a terra. Ainda fechada, aflora a taça pendente de pétalas brancas — e de que outra cor haveriam de ser essas flores do inverno? —, o fino talo ondula, despontam duas folhas e o fura-neve aos poucos se abre, oferecendo o miolo ao pálido sol.

No início das nevadas havíamos criado uma boa brincadeira de risco. Chegando ao alto da ladeira, ponto culminante da nossa ida à escola, púnhamos as pastas no chão, sentávamos nelas, e com um pequeno impulso partíamos em deslize progressivamente acelerado, até quase alcançar a porta da casa da professora. Promovida a tobogã, a ladeira dava outro sabor a todo o percurso. Durou pouco, entretanto, nossa pequena emoção. Logo os moradores, para quem aquela continuava sendo apenas uma ladeira íngreme que era necessário subir e descer várias vezes por dia no trânsito com a casa, ergueram o braço e a voz. O atrito das nossas pastas transformava a descida numa lâmina de gelo impraticável. Antes que fossem queixar-se a nossos pais, desistimos. Mas Arduino viu, sim, viu a mulher que um dia, sorrateira, despejou porta afora uma bacia de água suja. Bem mais grave que o nosso foi seu gesto, e não tivemos a quem nos queixar.

Com trenó e cachorro, o inverno passou depressa. E começou o degelo. Cada folha de hera, cada estalactite, cada galho gotejava. O chão era uma pasta lamacenta e ainda gelada debaixo das nossas botas. E dos dois lados da ladeira desciam regatos constantes. Já não havia fura-neve. A primavera preparava seu retorno.

Súbito, um dia, sentados à mesa da professora junto com as outras crianças, fomos interpelados. Eu diria, fomos acusados, mas não quero ser injusta e a acusação pode ter sido mais uma sensação que uma realidade. Seja como for, nos disseram que mais de uma vez sinais luminosos partindo no meio da noite do nosso jardim haviam sido vistos da cidade. Uma espécie de transmissão em código de luz, quase gritante, uma vez que o severo *black-out* em vigor obrigava todos a pintar os vidros de preto ou vedar as venezianas com proteções escuras. Os sinais eram o assunto de Albavilla. Alguém ou algum grupo estava fazendo espionagem. Ao redor da mesa todos os olhos se cravaram em nós: o que sabíamos disso?

O grupo nos encarava como se afinal tivesse encontrado justificativa para sua desconfiança. E eu me senti duplamente culpada, por ser dona do jardim e por não saber nada e nada ter visto. Na hora em que os supostos sinais disparavam o alerta dos habitantes de Albavilla, havia muito em nossa casa estávamos em sono profundo.

Entramos cozinha adentro em busca dos nossos pais, falando alto, cheios de vergonha e excitação. Se sinais estavam sendo emitidos do nosso jardim, também queríamos ver, se havia invasores queríamos participar da defesa. Inutilmente tentamos contaminar os adultos com nossa combatividade. Receberam a novidade mais sérios do que surpresos e trataram logo de esfriar nosso ânimo. Não estou segura de que meu pai tenha ido falar com a professora ou com qualquer autoridade da cidade, para realmente inteirar-se do que se passava. Não sei sequer de que lado, afinal, estava aquela gente esquiva, se apostava suas fichas nos que ocupavam a escola, ou se torcia pelo sucesso da resistência. O que, sim, posso garantir é que, meses mais tarde, quando um pequeno destacamento aliado veio liberar a cidade que já não corria nenhum perigo, estavam todos nas ruas, aplaudindo.

Em casa, um clima diferente infiltrou-se no cotidiano. Sem que soubéssemos, o pai mantinha-se vigilante. E numa noite de lua cheia um ruído fez-se ouvir, ele levantou-se, abriu um tanto a janela. Banhado em luar, um homem atravessava a esplanada ao lado da casa. Revólver na mão, meu pai desceu. O homem havia desaparecido.

Quem era aquele homem? Um *partisan*, sem dúvida. Então eles estavam mais perto do que imaginávamos. E por que haviam buscado o nosso jardim? Porque dali, daquela esplanada aberta ao espaço como um navio, seus sinais seriam certamente visíveis, mesmo ao longe — quem veria uma lanterna acesa na oculta escuridão do bosque? E porque sabiam que ali morava, revólver do pai à parte, uma família inofensiva. Então, eles nos espionavam.

Por trás de um tronco, de uma moita ou da quina de um murinho, passei a sentir olhos estranhos me acompanhando. Os intrusos haviam de saber mais de nós do que nós deles. Tornei-me mais atenta.

De sinais luminosos nunca mais nos falaram, na casa da professora. Ou bem desconfiavam de nós e preferiam nada nos dizer, ou bem fora somente um episódio e, uma vez passada a mensagem, nossa esplanada deixara de ser útil. Ou bem o homem do luar vira meu pai armado à sua procura.

Novamente um teatro ou um jantar, e em fim de tarde nossos pais se foram para Como. Logo foi noite — a escuridão chega mais rápida quando não se está seguro — e, como das vezes em que esperávamos Pippo nos sobrevoar, ficamos todos juntos na cozinha, mais morna com o calor do fogão, mais acolhedora com seus cheiros de comida. O gato dormia sobre o louceiro, sim também tínhamos um gato, o cachorro estava embolado debaixo de uma cadeira. E nós ali, juntos um do outro, falando baixo não por necessidade, mas porque a casa vazia e o silêncio lá fora nos impunham contenção.

Silêncio lá fora, mas o que é o silêncio na natureza? Há sempre um piar de ave noturna, um súbito voejar, um galho que cai, um tronco que estala. Nós falando baixo, porque alerta, sem querer encobrir com nossas falas o ruído de passos que porventura ou o murmúrio de vozes que talvez. Nós prestando tanta atenção, que ouvimos.

Na verdade, um ouviu, transmitiu aos outros, e todos acreditaram ter ouvido também. Ouvir o que, não importa. Importante era a certeza , imediatamente estabelecida, de que lá fora um *partisan* ou mais de um avançavam com felpudos passos.

Mais baixas ainda, nossas pequenas vozes. A ave, o galho, o tronco cumpriam seu discurso no jardim. Na cozinha nós decidíamos o que fazer. Não foi difícil alcançar a unanimidade: como nosso pai havia feito, enfrentaríamos o invasor. Houve divergências quanto aos meios, mas afinal, porque estávamos na cozinha, concordamos todos em lançar mão das armas disponíveis.

Quando a porta dos fundos se abriu, foi para dar passagem a uma pequena fila de crianças ou pouco mais, que, braço erguido, ameaçavam o nada com um rolo de estender massa, um facão, um martelo para carnes, um espeto. Seguia-nos o cão. Demos poucos passos e paramos, novamente agrupados. Não se via ninguém. Falamos mais alto, ninguém nos contestou. Reconquistada a coragem graças à evidente falta de perigo, resolvemos dar uma volta completa da casa, deixando porém aberta a porta para uma eventual necessidade de fuga. Não foi necessária.

Do meio para o fim da nossa intervenção bélica, ríamos aliviados e divertidos, a segurança havia nos devolvido a noção do ridículo.

Os dias faziam-se mais longos, violetas silvestres despontavam em meio à grama dividindo o espaço com minúsculas margaridas, os galhos inchavam delicadas brotações cor de carne, e havia em tudo um fremir, um preparar-se para a primavera anunciada. Brincávamos ao ar livre, minha boneca de feltro tantas vezes esquecida no sereno desbotava, perdia olhos e boca que eu tornava a pintar, diligente, com lápis de cor. Nunca pedi outra, não eram tempos para pedidos. E porque crescemos naqueles tempos, Arduino e eu aprendemos a limitar os desejos e não aprendemos a pedir. Até hoje, não sabemos fazê-lo.

Não era mais estação de botas, e as sandálias com que havíamos chegado a Albavilla no verão anterior já não nos cabiam. Em falta de sandálias, meu pai trouxe tamancos, mas de um modelo diferente, feitos de acordo com o antigo modelo regional, talvez pelo mesmo marceneiro autor do trenó. Em vez da sola rasa de madeira, eram altos, chanfrados na frente e atrás, mais semelhantes aos sapatos das damas venezianas da Renascença do que aos tamancos tradicionais. Hoje penso que a comparação faz todo o sentido, porque tanto os delas quanto os nossos haviam sido concebidos para terras úmidas senão encharcadas. O problema é que nós não tínhamos a habilidade das damas, nem caminhávamos sobre os lisos mármores dos salões, e, pelo menos nos primeiros dias, andando no jardim tropeçávamos e caíamos em meio a risadas.

Foi por essa época o bombardeio, porque lembro claramente as mangas da suéter leve cobrindo meus braços deitados na grama. Nem sei bem como os aviões chegaram, deve ter sido um ataque súbito. Saímos de casa correndo, atravessamos a esplanada, nos deitamos entre os arbustos. Todos próximos, como na vez da ponte. Alguns aviões voavam tão baixo que vi o piloto na carlinga, vi aquela espécie de touca de couro com orelhas pendentes que os aviadores usavam, vi os óculos. Talvez fossem caças de escolta. Outros vinham mais altos. E de repente abriram a bocarra do ventre e começaram a despejar as bombas.

As bombas caem devagar. Não sei como é possível, com aquele peso. Mas caem lentas ou eu as vi caindo lentas, bem lentas. E sobre a minha cabeça, vindo na minha direção. Não era a mim que elas queriam, não era aquela família deitada no mato o alvo de tanta munição. O vento, o movimento do avião, o impulso da bomba, tudo havia sido calculado para atingir o acampamento da SS no alto da montanha. Mas o cálculo está nas pranchetas dos navegadores, não no olho de quem se encontra abaixo. E, abaixo, embora meus pais tentassem me tranquilizar, tive certeza de que ia morrer.

Não durou muito e durou uma eternidade. Quando os aviões se foram, nada do seu trabalho se via de onde estávamos.

A guerra já estava decidida, mas não se decidia. Final de março, pouco faltava para o fim. E eis que nesse quase apagar das luzes, numa manhã de domingo — sei que era domingo porque ele estava de licença —, sobe o caminho pedregoso meu primo, que vinha despedir-se da irmã. Vestia farda completa da X-Mas, acabava de se alistar.

"Imbecil", disse meu pai entre dentes ao vê-lo despontar.

A exclamação não teria tido sentido meses antes. A X-Mas, ou Décima Mas, era uma tropa de elite sofisticadíssima, da Marinha Real, com origem e vitórias já na Primeira Guerra Mundial, desde então motivo de orgulho para os italianos, creio que até para os não fascistas. Após o vergonhoso armistício de 43, quando a Marinha italiana havia sido obrigada a entregar toda a sua frota aos Aliados, a Décima havia decidido continuar em combate, com a bandeira da Itália. Dividia-se em duas unidades. Uma especializada em ataques com torpedos humanos, em que dois mergulhadores de combate cavalgavam um mínimo submarino, cuja parte anterior explosiva era destacada e aplicada no casco do navio inimigo. A outra, encarregada de técnicas navais, operava com pequenas lanchas velozes igualmente municiadas com carga explosiva, pilotadas por um único homem que as conduzia em rota de colisão com o alvo, e pulava fora antes da explosão. Além do ato em si, a entrada nos portos fortemente vigiados, defendidos por telas metálicas, exigia extrema habilidade. O risco de vida era altíssimo, os homens eram quase todos voluntários.

Meu primo também havia se voluntariado. Mas numa hora em que já não seria possível participar de qualquer ação.

Subia o caminho com passos firmes de coturnos, orgulhoso da farda impecavelmente viril, do emblema da caveira com uma rosa entre os dentes, do punhal na cintura. Sobretudo do punhal na cintura. Sorria. Era um herói a caminho.

A caminho do nada, como bem havia percebido meu pai. Não restava mais tempo para heroísmos, sobretudo para quem ainda precisaria fazer treinamento.

Anos depois, Arduino, jovem mergulhador, utilizava nas águas de Ipanema o mesmo "Auto Respiratore ad Ossigeno" criado para os mergulhadores de combate. Uma espécie de caixa quadrada de borracha, presa ao peito, selada para não deixar escapar bolhas reveladoras, em que o oxigênio puro, transformado pela respiração em monóxido de carbono, era reciclado por um filtro cheio de sais. Várias vezes o observei mexendo nesses sais, que tinham que ser trocados para evitar a saturação. Um sistema perigoso, que mais perigoso se tornava com o aumentar da profundidade, e que nos levou a tantas conversas cheias de admiração por aqueles combatentes submarinos, homens-rã que se metamorfoseavam em tubarões para cortar as redes metálicas, entrar nos portos e explodir o inimigo. Do nosso primo, nunca tivemos nada a dizer. Não era um imbecil, era apenas muito jovem.

Porque o frio abaixava a guarda, minha prima e eu pedimos permissão para fazer do sótão nosso quarto — até então nós três crianças dormíamos juntas. Era temerário mas muito romântico. Temerário porque ainda não parecia suficientemente quente e, sobretudo, por causa dos camundongos. O sótão havia sido, até então, quarto deles.

Varremos com determinação, lavamos o chão, tiramos os entulhos em que poderiam se aninhar, deixamos o espaço livre para que não se atrevessem a atravessá-lo. Ainda assim os ouvíamos correndo à noite entre as telhas e o forro, cobríamos bem a cabeça, e de manhã acordávamos com o travesseiro cheio das grossas poeiras pretas que suas andanças faziam chover do alto.

O romantismo compensava a companhia. Teto baixo, inclinado, igual ao que eu conhecia de tantas ilustrações de livros, e uma única janela. Uma janela pequena que ganhou pequenas cortinas xadrez branco e vermelho — vindas de onde, me pergunto — capazes de tingir o ar. Para mim, a vista mais bonita da casa.

Era a mesma das outras janelas, embora mais alta. Fazia-se especial, porém, porque, encaixada sob o teto baixo quase opressivo, minha janelinha ganhava uma moldura de penumbra que encaminhava o olhar, como um túnel, para o deslumbramento da luz. Abertos os batentes ao ar ainda cortante da manhã, a encosta florida deslizava até os telhados da cidade, os lagos ao longe eram três olhos-d'água, as colunas de fumaça sinalizavam no horizonte. Tudo se oferecia sereno e doce, aparentemente pacífico.

Foi contida entre os alisares daquela janela, despenteada ainda do sono, que recebi o primeiro ecoar dos sinos da Páscoa. Minha saia nova estava sobre a cadeira, eu era uma menina que iria descer até Albavilla com sua família, que atravessaria a praça e entraria na igreja rodeada de primavera. Uma menina que iria comemorar. Minha alegria, como um olhar, lançou-se janela afora.

No dia 20 daquele mesmo mês de abril, os lagos continuavam refletindo o céu quando abri a janela. Mas, longe dos meus olhos, o 5º Exército americano havia alcançado o Vale do Pó, e os alemães se retiravam para as margens do rio.

Ao acordar no dia 21, vi que os pessegueiros haviam deixado parte de suas pétalas no chão durante a noite. Nada me dizia que, numa ação conjunta, poloneses, ingleses e americanos haviam capturado Bolonha.

Um vento ligeiro sacudiu os batentes na manhã do dia 23, nuvens pareciam se aproximar. Os Aliados também se aproximavam, tendo passado por Bolonha e alcançado o Pó.

Minha mãe não sabia ainda, quando veio me despertar no dia 24, que Parma, sua cidade natal, havia sido libertada, e que também Ferrara caíra.

No dia 25 tudo continuava igual no meu jardim. Mas tudo havia mudado para Mantova. E tudo mudaria para a Itália, com a insurreição geral contra os alemães declarada pelo Comitato di Liberazione Nazionale.

Sacudi do travesseiro a poeira caída do alto, na manhã do 26, e me vesti para ir estudar na casa da professora, como todos os dias. Mas seria um dia especial para os *partisans* ,que tomaram Gênova e fizeram revoltas em Milão, enquanto os americanos capturavam Verona.

No dia 27 as cortinas tingiam de rosa as paredes do meu quarto, margaridas pintalgavam a grama debaixo das árvores frutíferas em flor, os lagos eram três espelhos ao sol. Em Turim libertada ainda se ouviam tiroteios. Na localidade de Giulino di Mezzegra, perto de Como, Mussolini era descoberto pelos *partisans* disfarçado com um uniforme alemão, em um comboio que tentava alcançar a Suíça. Com ele, sua amante Clara Petacci e 12 membros do seu gabinete. Todos foram fuzilados.

"*E così, signora, oggi è il 25*," me diz sorridente o jovem garçom de Villa Serbelloni, quando chego para o café da manhã. E, vendo que eu hesito, "*ma come, signora, il 25 aprile...*", e ainda, como se falasse com uma criança, "*il 25 aprile che giorno è? da brava italiana... su... il giorno della liberazione*".

O dia em que a ordem para a insurreição determinou o desabamento definitivo do nazifascismo na Itália, 25 de abril de 1945. Aldo Aniasi, ex-prefeito de Milão, lembra-se desse dia perfeitamente. Tinha 24 anos e um nome de guerra: Iso. "Tínhamos atacado um destacamento alemão no qual haviam-se juntado grupos da milícia fascista (...) queríamos impedir que atravessassem o [rio] Ticino; dali se dirigiriam para Milão. Conseguimos, depois de dois dias de combate. Mas antes de se renderem, romperam nossas defesas: tinham uma centena de prisioneiros, entre os quais meu irmão, e os usavam... como escudos humanos."

Sentada ao sol no banco da praça diante do lago, leio a entrevista de Aniasi no jornal *La Repubblica*, que acabei de comprar. Hoje, Affonso e eu não tomamos nosso *espresso* costumeiro no tradicional Caffè Rossi. Sentados lado a lado lemos as notícias. De vez em quando levanto os olhos, vejo a água tão serena, os patos, um *aliscafo* que passa, as *ville*, as cidadezinhas. As notícias, todas as notícias parecem muito distantes. Pergunta o repórter referindo-se à guerra do Kosovo: "Escudos humanos, ontem como hoje. Valeu a pena realmente?" E Aniasi responde: "Sim. Porém, 54 anos depois estamos em guerra. O aniversário da Libertação ganha um significado de dramática atualidade. Nesses dias fomos levados a uma reflexão profunda, nos perguntamos que fim levaram as palavras de ordem pelas quais combatemos: liberdade, justiça... e paz."

Uma ave marinha grita sobre o lago. Olho as fotos no jornal, vejo, naquele 25 de abril, um grupo de *partisans* que festeja: os da frente, acocorados, apoiam suas armas nos joelhos, entre os de trás um deles agita uma bandeira, uma mulher se debruça para vê-la melhor, ao vento.

Eu estaria na Itália mais uma vez no dia 25 de abril. Em Roma, 2008, na televisão do meu quarto de hotel assisto aos desfiles comemorativos. Vejo velhos Alpinos com o chapéu de pluma cheio de medalhas, e me pergunto se teriam, eles também, lutado na neve com os pés envoltos em trapos. Vejo depoimentos de gente que era jovem ao tempo da guerra e que relembra as dificuldades, a falta de tudo menos de entusiasmo. Duas mulheres, hoje senhoras, falam de sua atividade como estafetas, as idas e vindas a pé ou de bicicleta, o medo a ser encoberto quando atravessavam os perigosos postos de controle alemães. Uma outra conta sua história de amor: *partisan*, acampada na montanha, havia feito amizade com um jovem companheiro: "Ele me escutava quando eu falava, não como se escutavam as mulheres, não como uma mulher, mas como uma pessoa cujas ideias tinham valor." Apaixonaram-se, decidiram ficar noivos quando a guerra acabasse. Depois, uma noite — ele ausente, em uma missão — ela havia acordado gritando. Tinha sonhado que ele a chamava "vem me ajudar... estou ferido, estou com frio... vem me salvar" e ela lhe perguntava "Onde você está? Me diz onde está, que eu vou", mas no sonho havia muita neblina e ele não respondeu. Soube-se depois de alguns dias que, ferido em ação, ele havia se perdido dos companheiros refugiando-se entre arbustos à beira de um riacho onde, durante a noite, morrera de frio.

O dia 25, para mim, não está ligado à ideia de libertação. Na verdade, se confunde com os dias que o antecederam, e com o seguinte. É no dia 27 que o nervosismo comanda a minha casa, encoberto para as crianças, mas palpável. Manfredo, fiel até o último momento, havia programado juntar-se ao comboio de Mussolini, para defender seu líder. Contava talvez encontrar-se com Attilio Teruzzi. As dificuldades absolutas de locomoção fizeram com que se atrasasse. Já não haveria tempo para defender ninguém.

Capturado e morto imediatamente — a teoria de uma conspiração britânica nesse assassinato voltou ao noticiário no final de 2009, com a revelação de que, quando jornalista, Mussolini havia sido agente a serviço da Inglaterra —, o Duce foi arrastado para Milão com Claretta, pendurados os dois de cabeça para baixo na marquise de um posto de gasolina, naquela mesma Praça Loreto onde seis meses antes haviam sido executados 15 *partisans*. Tinha início a caça aos fascistas. Manfredo botou escova de dentes e uma muda de roupa numa pasta, e foi a Como se entregar. Lembro dele abraçando demoradamente minha mãe na despedida. "Colasanti", lhe disse o chefe de polícia, que o conhecia, "vá embora, vá pra casa cuidar da família, que aqui temos coisas mais importantes a tratar do que sua honradez." Não lembro de meu pai chegando de volta com a pasta.

Naquele tempo sem televisão, as crianças eram poupadas das verdades e das imagens mais cruas. Algumas intuíamos através de trechos de conversas, outras foram sendo entregues pela vida, compondo aos poucos o mosaico falhado da memória.

Na década de 90 fui a Giulino di Mezzegra, onde Mussolini caiu. Que silenciosa tranquilidade! Difícil imaginar naquele mesmo cenário os momentos dramáticos e decisivos que o cravaram na história. A primavera apenas se anunciava, as casas dos veranistas dormiam ainda, vazias. Entre elas, uma guardava no muro marcas de balas. Quase ninguém à vista. A natureza preparava, diligente, seus trajes de verão.

Nas margens, o lago farfalhava movido por uma ou outra embarcação que passava ao longe.

Longe do nosso jardim de Albavilla, dias terríveis se seguiram. A violência, para não dizer a selvageria, havia mudado de lado e de palavras de ordem, mas não de intensidade. Antes caçadores de comunistas, os fascistas estavam na alça de mira. Cerca de 12 mil foram mortos, a matança mais violenta ocorrendo no Vale do Pó onde maior havia sido o sofrimento. Arduino e eu quase nada soubemos. O que, sim, de alguma maneira soubemos, é que em Milão mulheres fascistas ou que haviam namorado soldados alemães estavam tendo a cabeça raspada em praça pública, e sobre a cabeça nua espalmava-se piche e colavam-se penas de ave. Muito mais tarde me chegariam imagens, fotos daquelas mulheres de cabeça baixa e emplumada, rodeadas de povo e de homens que riam e as insultavam.

Só chorei por elas aos 22 anos, diante das cenas em que, numa praça de Nevers, a jovem amante de um soldado bávaro morto no conflito é tosquiada e humilhada publicamente pelos *partisans*. Era o filme *Hiroshima meu amor*, e solucei muito mais do que apenas pela protagonista. Na saída, não troquei nem uma palavra com meu namorado, que me levou em casa. Não podia permitir que encostasse em fatos tão vivos quem os tinha visto apenas como cenas ficcionais.

A libertação para mim só aconteceu no dia em que o exército de ocupação entrou em Albavilla. Um destacamento modesto, proporcional ao tamanho da cidade que ocupava. Um tanque na frente, ou talvez mais de um. Atrás dele soldados. Não lembro de ter visto bandeiras, mas certamente as havia. Recordo apenas os negros, porque não havia negros na Itália e eu os olhava seduzida, buscando inconscientemente um apelo da minha primeira infância na África. Creio, mas posso estar confundindo com soldados que vi depois, que havia australianos. Os australianos reconheciam-se de longe pelo chapéu de aba larga presa de um lado. Caminhavam lentamente, olhando para os lados, ainda na atitude de defesa de quem avança em território que pode ocultar inimigos, embora inimigo, ali, não houvesse mais nenhum. Não me perguntei se vinham de longe, se estavam cansados. Pareceu-me que assim, com vagar, entra-se numa cidade que se toma.

Eu os via do alto, da esplanada da minha casa, e tudo parecia pequeno, embora agora a memória me devolva a cena agigantada. Porque era uma ocasião especial, havia pedido emprestada à minha prima uma camisola longa, branca, de florezinhas, que me fosse vestido de baile. E com a bainha batendo nos tornozelos, os pés descalços na grama fria, dancei leve celebrando o fim da guerra. Não ouvia música, nada daquelas fanfarras que na minha imaginação deveriam acompanhar uma marcha de conquista. A trilha sonora da vida real é sempre precária. Mas certamente houve vivas, senão para os poucos soldados, para o caminhão que os seguia.

Era um caminhão eloquente, carregado de pães brancos como havia muito não se viam. E logo começou a distribuição para os que se acotovelavam ao redor. Da minha casa ninguém desceu, esperaríamos ainda um tempo antes de comer pão.

Dancei sozinha aquele dia, sem me dar conta de que ao fim de uma guerra só o vencedor dança. E os vencedores não éramos nós. Acabrunhados, ainda assim meus pais não me pediram para parar. Talvez intuíssem que eu não dançava pela vitória do inimigo, dançava porque afinal me tornava uma menina suíça.

Mas a guerra havia acabado, meu pai não corria riscos, nenhum perigo iminente ameaçava a família. A alma distendia-se numa nova espécie de bem-estar. "Para que continuar guardando as provisões?!" exclamou meu pai no dia seguinte, sorrindo à ideia da comilança.

As provisões eram um tesouro conservado havia muitos meses, garantia de sobrevivência para o caso de todos os recursos alimentares virem a falhar, inclusive a cabra. Nada de muito exorbitante, bem modesto até, mas o que fora possível amealhar naqueles tempos de comida escassa. Cofre gastronômico do lar, o quartinho da despensa guardara até então embalagens cartonadas de leite em pó, sacos de balas, vidros de mel e, pendurado no teto para não estragar, uma espécie de pernil ou presunto cujo sabor só fazia intensificar-se com o tempo e com nossa imaginação desejosa.

Um piquenique para aproveitar o belo dia de primavera, essa foi a decisão. Toalha estendida lá fora, postos pratos e talheres, foram trazidas com pompa quase ritual as preciosidades. Mas fazia muito as embalagens cartonadas haviam-se revelado frágeis demais para nossa gula e nossas unhas; um furo hoje, um buraquinho amanhã, aos poucos Arduino e eu havíamos sugado todo o leite em pó, e nada restava quando foram abertas. O mel, que em vidros lacrados não havíamos podido atacar, estava solidamente cristalizado. As balas, ao contrário, desfeitas e meladas, quase escorriam por baixo do papel. Sobrava o presunto.

Como no dia do queijo, meu pai empunhou a faca, os olhares todos se concentraram naquele fio brilhante que quase com volúpia entalhava a casca. Uma vez mais, porém, havíamos chegado tarde. Em lugar da carne vermelha e bem curtida que esperávamos, pálidas carnes bem alimentadas se retorciam para escapar do corte. Os vermes venciam novamente.

Então rimos todos, porque aquelas provisões haviam deixado de ser sagradas e recuperavam seu real valor, e porque nos era permitido achar graça daquilo que, houvesse chegado a emergência, teria sido uma tragédia. Rimos pensando nas tantas ocasiões em que havíamos desejado lançar mão do tesouro, e na prudência com que havíamos resistido. Rimos porque de repente era uma boa razão para rir. E ninguém reclamou comigo e com Arduino, agora parecia justo que houvéssemos furtado leite em pó.

A guerra, de fato, havia acabado. Em breve partiríamos.

Albavilla viria a mim, mais uma vez, de maneira absolutamente inimaginável.

Rio de Janeiro, 2007, salão nobre do Instituto Italiano de Cultura, mármores vermelhos e alto pé-direito. Sentada em uma das primeiras filas, assisto ao começo da cerimônia em que receberei o título de Comendador. E estamos no meio de um discurso, quando uma mão leve toca o meu ombro. Volto parcialmente a cabeça, sem querer fazer com quem está discursando a descortesia de voltar-me de todo. A dona da mão sussurra, já esteve comigo aqui antes, me recorda seu nome, é Myriam Giambiagi, italiana ela também, física. Penso que talvez não seja a hora, que a qualquer momento posso ser chamada, mas há na voz dela uma urgência prazerosa que me atrai. Volto o tronco em sua direção.

Myriam leu uma crônica minha em que eu dizia ter morado em Albavilla, e quer me contar que ela também esteve lá, muitas vezes, na casa do avô, provavelmente em idade um pouco inferior à que eu tinha então. Ela também conhece aquela cidadezinha de nada, e a traz ligada à sua infância. Tão distante no tempo, tão ausente nos mapas, Albavilla se concretiza de repente no imponente salão do Instituto, trazida pelas nossas lembranças comuns, pelo nosso falar italiano. Não quero perturbar a cerimônia, mas não posso partir esse fio. Falamos baixo, o que ela recorda, o que eu lembro, a cidade, a casa de uma, a casa da outra. Aos poucos, uma suspeita se funde em emoção. Já não presto nenhuma atenção ao discurso. "Onde estava teu avô durante a guerra?", pergunto afinal. A resposta é a que eu esperava, o avô dela, judeu, havia-se refugiado na Suíça, deixando a casa para ser alugada.

Tão imenso o mundo, e eis que duas meninas italianas, duas meninas que viram uma grande guerra acontecer e acabar, duas meninas que, sem se conhecerem, sem jamais se cruzarem, subiram o mesmo caminho cheio de curvas para chegar ao chalé da montanha e olhar os três lagos do vale, essas duas meninas comparecem tantos anos depois ao encontro que o destino havia marcado para elas em um salão de mármore de um país distante, e se estendem a mão oferecendo na palma as mesmas recordações.

Estão me chamando. Levanto-me quase atônita como se chegasse de viagem, mal e mal alinhavo um agradecimento para comenda tão honrosa. Volto à minha cadeira, duplamente premiada. Em plena surpresa reencontrei minha casa-raposa, minha casa-labareda.

A casa nos faz parentes. Ainda aquela noite, Myriam procura entre suas fotografias, telefona para primos, comemora a volta da casa pródiga. Se nós duas a conservamos intacta ao longo de tantos anos, ela se torna mais sólida.

Passada menos de uma semana, recebo pelo correio as fotos que Myriam copiou para mim. A família dela está na mesma esplanada em que vejo minha mãe e meu irmão no nosso álbum, e tenho quase o desejo de oferecer-lhe o gatinho que minha mãe segura, para que o ponha no colo daquela menina de tranças que talvez seja ela mesma. Conheço, afinal, o dono do chalé, magro senhor de longas barbas brancas, que em uma das fotografias veste *knickerbockers*. E aqui está a aleia larga que tomávamos para ir estudar. Na foto em preto e branco, porém, tirada à distância, não encontro a dália de veludo cor de vinho.

Sozinho em uma foto, o grande chalé de pedra com a varanda de toras é o que conheci. Ainda não está revestido de hera. E sei que faltam, naquela janela ao alto, a janela do sótão, as cortinas que haveriam de tingir de vermelho a luz da manhã.

Botões entre guerra e paz

Pouquíssimas malas essenciais, e novamente embarcamos em um ônibus. Albavilla ficava para trás, começava nossa difícil descida em direção a Porto San Giorgio. Manfredo não estava conosco.

A guerra continuava presente, agora morta, num mundo destroçado. As paredes derrocadas, as lâminas retorcidas, os restos de veículos incendiados, as ruínas das fábricas, as crateras das bombas, os furos das balas estendiam sobre o presente um véu cinzento e negro, um hálito de desalento.

Chegamos a Milão e era dia. A ausência de sol parecia uma forma de respeito, mas talvez estivesse anoitecendo. Muito lentamente, evitando os obstáculos e buscando ruas onde fosse possível passar, o ônibus atravessava a cidade. Prédios seguiam-se a prédios e mais prédios vazados por dentro de alto a baixo, vazios como caixas sem uso. Alguns haviam caído por inteiro. Vi um quadro pendurado onde havia sido uma sala, vi paredes azulejadas onde havia sido cozinha, vi a marca de móveis que já não existiam, como não existiam pisos nem telhados. Onde estariam os donos dessas habitações todas, perguntava em silêncio meu coração, onde passariam a noite os que não tinham mais para onde voltar?

Nós passamos a noite em um hotel imundo fora da cidade, o único que havia sido possível conseguir e pelo qual fomos gratos. As camas, duas para nós quatro, já tinham hóspedes: percevejos e pulgas disputavam os lençóis escuros. Ninguém se despiu. Dormimos vestidos, ou melhor, tentamos dormir, porque Arduino chorou longamente. Seu alto lamento repetido "Quero Pippotto!!" ecoa até hoje nos meus ouvidos. O Pippotto que ele tanto queria, seu urso de pelúcia, sua segurança, havia ficado na mala, trancado junto com o ônibus em alguma garagem, e só pôde ser recuperado no dia seguinte.

Bem ou mal alcançamos Bérgamo e logo, além da periferia, praticamente no campo, à beira da autoestrada, nosso primeiro ponto de chegada. Era a casa de uma amiga da minha mãe, que generosamente nos oferecia hospitalidade até ser possível seguir adiante. Poderia levar um bom tempo, e levou.

Mais que apenas uma casa, ou mais que uma casa tradicional, tratava-se de uma casa acoplada a uma fábrica. Uma fábrica de botões, que fora poupada e continuava funcionando, embora com pessoal e produção reduzidos. De certo modo, havia-se até beneficiado com a guerra, pois a necessidade de utilizar todo e qualquer metal na fabricação de armamentos dera sumiço no fecho ecler.

A vida tornou-se diferente. Obedecíamos a uma rotina outra, comíamos outras comidas — o racionamento havia acabado — e havia outras pessoas. Mulheres, sobretudo. Homens, só na fábrica. A dona da casa, exuberante, espalhafatosa, desfraldava uma alegria surpreendente para quem acabava de sair de guerra tão dura. Fumava muito — também os elegantes cachimbos haviam acabado. Ela e minha mãe, mais alguma parente ou agregada, estavam sempre empenhadas em conversas, jogos de cartas, enrolando os cabelos, fazendo as unhas, coisas de mulher que lhes tomavam os dias. Não havia outras coisas a fazer, nenhuma distração acessível. Nem havia outras crianças. Elas ocupadas entre salas e quartos, Arduino e eu vagávamos soltos.

Cedo descobrimos uma grande caixa-d'água na parte traseira da casa. Nem bem caixa-d'água, uma espécie de tanque industrial, cubo de ferro espesso cheio de arrebites sobre o qual o sol incidia em algumas horas da tarde. E o sol se fazia cada vez mais quente com a chegada do verão. Nunca havíamos tido uma piscina, creio que o próprio conceito de piscina nos era estranho, mas rapidamente o descobrimos.

Dois metros de altura ou pouco mais, nenhum degrau, nenhuma saliência, um desafio enferrujado e liso, a vencer. Arrastamos caixote, arrastamos cadeira. Arduino subiu primeiro — era sempre ele o primeiro a atrever-se — e me puxou. Deslizamos para dentro. A água era verde e fria, algas longas acariciavam nossas pernas como cabelos de afogados. Eu me mantinha agarrada nas beiradas, ainda não sabia nadar. Depois nossa mãe passou a banhar-se conosco, ou a prima ou uma das várias mulheres da casa, o tanque era apertado, pernas e algas se embaralhavam, a transparência envolvia os corpos em idêntico verde.

Naquele aquário metálico passávamos as tardes vencendo o calor, girinos de dedos engelhados e lábios roxos.

Adiante, alguém disse que bem melhor seria ir nadar no Rio Oglio. Um empregado encarregou-se de nos levar, nem que fosse só na primeira vez. Fomos a pé depois do almoço, e era longe. Os tamancos, agora planos, *plequete-plequete*, batiam sobre o asfalto a nossa marcha. E a sombra, sob o sol, ia à nossa frente.

Mas o rio corria entre verdes, árvores altas, arbustos, caniços, as manchas de luz reverberavam no correr da água, e ouvia-se um murmurar de espuma contra as pedras, um farfalhar. Havia outra gente ali, devia ser um ponto propício para nadar, vozes e chamados ecoavam no túnel criado pelas copas. Mesmo sem conhecer ninguém, não estávamos sozinhos.

Foi no Oglio que aprendi a nadar. Meu pai havia tentado me ensinar em Porto San Giorgio, mas porque sua veemência ou urgência me assustavam e eu me enrijecia perdendo a possibilidade de flutuar, fui abandonada à minha falta de talento.

Talento eu tinha, a meu modo. E meu modo foi secreto e paulatino.

Entrava no rio bem na beira, onde dava pé, agarrava-me a talos, folhagens, qualquer vegetação confiável, e sem sair do lugar ia abandonando o chão, testando a leveza do corpo entregue à corrente. Não contei a ninguém, nem havia muito o que contar. Um dia, porém, encontrei a alavanca com que impulsionaria meu aprendizado, um tronco caído, de bom tamanho. Arrastei meu achado para dentro do rio, agarrei-me nele com os braços estendidos, e deixei a água me levar por um breve trecho, para logo firmar-me novamente no chão. Dali para a frente, seria só uma questão de bater pés.

Um encontro radicalizou essa questão. Estava agarrada ao tronco, isolada na discrição dos meus esforços, quando vi uma víbora nadando a pouca distância. Cortava a água com precisão, cabeça erguida, altiva, olhando à frente. Não foi por ter-me visto que mergulhou, mas eu tive certeza de que sim, era por mim, e esperei em pânico o deslizar do seu corpo gelado contra o meu. Esperei, e nada. Pousar os pés no fundo podia significar pisar nela, não me atrevi. O tronco e a correnteza me levavam, bati pernas e pés para afastar-me do perigo, bati mais para reaproximar-me da margem. Quando vi, estava nadando.

Voltávamos para casa no fim do dia, cabelos molhados gotejando na roupa, corpo cansado e fresco, *plequete-plequete*, os tamancos. E a sombra à nossa frente, agora comprida. A guerra havia ficado distante.

O sol estava quase se pondo na tarde em que a última luz nos entregou uma silhueta conhecida. Pedalando na estrada, nosso pai vinha de bicicleta nos buscar. Os tamancos bateram bem rápidos correndo ao seu encontro. E tudo foi alegria. De que cidade vinha, onde morava, nem perguntamos. Parecia natural que aparecesse tão de repente quanto se ia. A bicicleta, sim, era uma novidade, e nos demoramos ao seu redor. Depois ele botou Arduino no quadro como fazia nos distantes dias de Porto San Giorgio, e o levou para casa, enquanto nós seguimos no asfalto ainda quente.

Fomos ao rio juntos, no dia seguinte. Era bom nadador meu pai, havia aprendido no Tibre quando, as águas limpas, era moda frequentar os belos clubes náuticos. Mergulhou várias vezes de algum lugar alto, não sei se pedra ou ponte, exibindo-se para nós. Nadou muito com meu irmão. Depois mandou que eu deitasse nas suas costas abraçando-lhe o pescoço, e comigo assim agarrada lançou-se à correnteza para atravessar o rio. Eu via a força da água acavalando-se no centro, e via a força dos braços do meu pai para vencê-la. Ainda não eram braçadas, creio que fosse nado de peito. Só depois da guerra descobriríamos a beleza do estilo *crowl* nos filmes de Tarzan da década de 30, até então desconhecidos para nós — Johnny Weissmuller nadando debaixo d'água com as tartarugas ou ganhando o rio com seu estilo olímpico para salvar Boy foi uma revelação. Mas, naquela tarde no Rio Oglio, o corpo do meu pai avançava meio afundado, e até chegar à outra margem eu, tão leve, temi que meu peso o afundasse de todo.

Não demorou muito sua estadia. Cedo se foi de bicicleta, risonho como se estivesse praticando esporte. O brilhante, que em viagens anteriores havia sido oculto na bainha da saia da minha mãe, foi-se com ele, dessa vez costurado na bainha do seu *short*. É provável que tenha servido para comprar a passagem com que, no início de 1946, embarcou no primeiro navio que partiu da Itália rumo ao Brasil. Mas ainda haveríamos de estar juntos mais vezes antes disso.

Um domingo, porque tínhamos uma fábrica inteira à nossa disposição, convidamos Nino e Pia para brincar. Não havia vigia — os ladrões escasseavam naquela região, ou se encontravam ocupados alhures em negócios mais rentáveis, como o mercado negro —, as chaves estavam penduradas no prego. Vagamos um pouco os quatro, procurando aqui e acolá o que nos oferecesse mais possibilidades. Acabamos optando pelo refeitório. Janelas fechadas, guardava um cheiro acolhedor de comida. As louças estavam empilhadas no armário com portas de tela, os talheres arrumados em faqueiros de madeira, nada estava trancado. Decidimos pôr a mesa, ou melhor, as mesas. Como havíamos visto fazer tantas vezes nas nossas casas, distribuímos os pratos na justa distância, colocamos talheres e copos. O refeitório era grande, as mesas, longas. Demoramos bastante nessa tarefa inicial. E enquanto isso conversávamos, dávamos ordens não só um ao outro como a invisíveis ajudantes. Afinal, éramos adultos, certamente chefes de alguma coisa, levando a cabo um trabalho importante.

Postas as mesas, faltava a comida. Essa parte resultou mais dificultosa. Embora quase não nos déssemos conta, os gêneros continuavam escasseando e eram caros, não havia muita coisa disponível nos armários. Encontramos uma garrafa de azeite, creio que pães, e alguma pouca coisa mais que não recordo. Multiplicamos os pães partindo-os em pedacinhos, inventamos os peixes, e vertemos o conteúdo da garrafa. Estava servida a refeição. Finda a qual limpamos tudo, ou acreditamos ter limpado, empilhamos os pratos, guardamos os talheres nos faqueiros, os copos em seu lugar. O cheiro de comida continuava vagando no ar. Fechada a porta, recolocamos a chave no prego e, cansados, nos despedimos de Nino e de Pia.

Nada de ida ao rio na segunda-feira, castigo, repreensões. Como haviam descoberto?, nos perguntávamos. Não fossem os farelos, não fosse o precioso azeite perdido, ainda assim teríamos sido denunciados: a louça que havíamos empilhado de qualquer maneira era individual, numerada, e exigia ser guardada em ordem precisa, para acelerar o serviço diário.

O constrangimento da nossa mãe, hóspede num momento em que hospedar alguém era gesto de dupla generosidade, não foi suficiente para reter nossa criatividade lúdica. Passados alguns dias de bom comportamento, um outro domingo nos pareceu ocasião propícia para convocar nossos dois amigos. Nino e Pia jamais faltavam ao nosso apelo. E novamente fomos os quatro, agora mais sorrateiros, estender a mão para as chaves no prego. Dessa vez, o que mais nos atraiu foi a sala de triagem dos botões.

Não se pense em fábrica moderna, cheia de maquinárias imponentes, barulho, esteiras. Era uma fábrica enorme para nós, mas modesta em termos industriais, quase artesanal. Produzia botões com matérias-primas naturais, não por ecologia, que ainda não havia chegado essa hora, mas porque era o que se usava e, talvez, mais fácil de se obter em tempos de guerra. Se utilizavam material sintético, era pouco, o que mais saía daquelas máquinas antiquadas eram botões de osso, de chifre, de madeira e, maravilha das maravilhas, de madrepérola.

Na sala de triagem — nós não tínhamos ideia do que fosse isso, nem havia nada indicando — sacos e mais sacos de aniagem aguardavam alinhados no chão, boca para cima, ainda abertos, cheios de botões. Novamente querendo reorganizar, despejamos no piso o conteúdo de vários deles, e começamos a separá-los seguindo um critério pessoal. Fizemos pilhas como se empilhássemos moedas. Umas organizadas por cor, outras por tamanho, outras aleatoriamente. Cruzamos as pilhas, brincamos com elas, desmanchando-as e reorganizando-as de outra maneira. Inventamos jogos com os botões. Minha paixão ia para os de madrepérola, irisados, preciosos, gentis.

Em dado momento, cansados da brincadeira, pegamos todos os botões espalhados, enfiamos nos sacos, cuidamos para que não houvesse nenhum esquecido no chão. E a chave voltou para o seu lugar no prego.

Certamente não foi por isso. A confusão que havíamos aprontado aniquilando todo o trabalho de triagem já realizado não bastaria para que fôssemos expulsos. Nossa pequena família estava estacionada naquela casa esperando apenas que houvesse meios de retomar a descida rumo ao sul, que se restabelecesse alguma linha de ônibus, que se recompusessem os trechos de estrada tornados intransitáveis pelos bombardeios. E isso acabou acontecendo. A dona da casa/ fábrica ainda nos deu presentes de despedida, lembro só do de Arduino, um mapa-múndi pequeno, de osso gravado, que cabia na palma da mão. E, com as mesmas pouquíssimas malas com que havíamos chegado, partimos.

Depois de Lili Marlene

Não era perto, Porto San Giorgio. Viajamos num ônibus, talvez baldeando para outro, sem conforto, sem posição, dormindo não sei como e não sei onde, comendo não sei o quê. Levamos talvez dias, talvez muito menos. A guerra, que no isolamento da casa de Bérgamo havia-se ocultado durante todo o verão, ressurgia à nossa frente, cinzenta, apagada, retorcida.

Eu vinha embriagada de cansaço, reclinada sobre minha mãe, quando afinal nos aproximamos da costa. Aos solavancos sob o sol, casas, telhados, construções, ruínas sucediam-se na poeira além da janela, nos meus olhos entorpecidos de sono e de paisagens. Súbito, no breve espaço entre a quina de um prédio e a parede de uma casa, contida pelos dois prumos verticais como se entre moldura, surgiu, lápis-lazúli cintilante, a faixa de mar. O mar!!, exclamou altíssimo meu coração. Era reconhecimento e chamado, era apelo de amor. Foi só um instante. As construções, os troncos dos pinheiros se interpuseram novamente. Mas agora eu o sabia quase ao meu lado, oculto pelas pequenas cidades, desenrolando suas praias como a estrada se desenrolava sob as rodas do ônibus. O cansaço havia desaparecido. Ávida, encostava as mãos no vidro querendo atrair aquele mar que a qualquer momento tornaria a aparecer, aquele azul que no ponto de chegada, deitado e fiel, me esperava.

Mas foi a cara da guerra que nos recebeu em Porto San Giorgio. O Albergo Vittoria continuava lá, inteiro, numa Piazza Mentana desfeita, crateras de bombas em lugar dos canteiros. Nos hospedamos naqueles mesmos quartos do segundo andar onde havíamos morado. As paredes das escadas e do *hall* superior estavam cheias de furos de balas, a tinta verde roída pelos tiros entregava a intimidade do reboco. E havia furos de balas nos quartos. O lustre de contas, nosso mágico avião de cristal, havia desaparecido.

Nos dias seguintes, outras crianças me contariam que deitadas nas crateras da praça, à noite, mulheres se abraçavam com soldados americanos, em troca de chocolate, dinheiro ou meias de seda. "Eles metem lá", me disseram, e eu não entendi, porque de sexo nada sabia, assim como pouco sabiam meus interlocutores, que não conseguiram levar a explicação mais além. A ocultação, mais que os abraços, me indicou um caminho e, buscando compreender o que era turvo, pensei nas mulheres de cabeça raspada, depois em Lili Marlene. O moço a havia esperado tanto debaixo do poste, e agora ela se abraçava com o inimigo na cratera que suas bombas haviam aberto.

De noite moviam-se as sombras na praça, de dia brincávamos ali com outras crianças. Eu evitava as crateras, porém. O monumento central de mármore branco havia sido poupado e continuava sendo nosso dócil cavalo, nosso veleiro, nossa ilha, nosso feudo. Às vezes, no fim da tarde, íamos com algum adulto até a praia ver a volta dos barcos pesqueiros. A cidade não tinha píer nem porto, os barcos largos, de pouco calado, se aproximavam da praia, recolhia-se o leme, arriavam-se as velas triangulares tingidas de cor de laranja ou de telha, velas que traziam um sol pintado ou uma lua, marinheiros saltavam n'água entre chamados, outros chegavam, recolhiam-se cabos que eram atados ao moinho de longas varas no alto da areia.Toras eram colocadas diante da proa do barco. No alto, os homens vergados num idêntico esforço começavam a empurrar marcando o tempo do avanço com um apelo cadenciado, o moinho girava lento, as cordas retesadas fremiam, e o barco avançava na areia como havia avançado no mar.

Recolhido o barco, era hora de cuidar da pescaria. Uma parte negociava-se ali mesmo, outra iria para o mercado. Redes abertas sobre a areia, faiscar de escamas, um deslizar macio de mãos ou peixes, e lá se iam as mulheres envoltas em seu xale preto, o cesto do butim equilibrado na cabeça, afundando passos apressados.

O tempo começava a esfriar, o raso Mar Adriático trocava aos poucos sua mansidão por ondas, sua transparência por uma cor acinzentada que espelhava o céu. De vez em quando erguia-se no horizonte uma coluna de fumaça, algum golfinho acabava de encostar numa mina. Mas naquele ano, quando o vento do mar se fez mais intenso, ninguém se lembrou de proteger a cabeleira das palmeiras.

Voltamos às aulas. Não era mais o caso de ir estudar na casa da professora — provavelmente ela também havia retomado o ensino regular. Minha mãe me matriculou na escola pública, a única que havia naquele momento, e, uma bela manhã, me levou até lá e lá me deixou. Que estranhamento. Tudo me pareceu hostil, os corredores nus e as salas desguarnecidas traíam a precariedade de uma reconstrução feita às pressas para receber as crianças. E as crianças me eram todas desconhecidas.

Só gravei daquela escola o primeiro dia, a sensação de aprisionamento em um lugar ao qual não pertencia, o extremo desajuste. E a minha necessidade premente de ir ao banheiro. Mas banheiro não havia, não ficara pronto, ou não me deixaram ir. E naquela sala da qual eu não podia fugir e onde nada poderia me ocultar, diante daquelas crianças estranhas, vi meu xixi escorrer pela perna, ensopar meia e sapato, alargar-se em poça pelo chão.

O resto, o resto todo relativo àquela escola, apaguei. A absoluta ausência me faz crer que, diante da minha humilhação e da precariedade das instalações, minha mãe tenha me devolvido ao ensino particular. Mas é mais provável que a doença tenha me tirado de lá.

Uma febre inicial, o agravar-se dessa febre e, durante três dias, delírio. Eu estava com meningite. Acreditou-se que fosse morrer, e teria morrido se apenas alguns meses antes. Mas os americanos ocupavam o país, e os americanos haviam trazido a penicilina. Era medicamento absolutamente novo para nós, sofisticado demais para a pequena Porto San Giorgio, onde o mercado negro não era suficientemente afluente. Um amigo da minha mãe meteu-se na sua Topolino, o carrinho compacto da Fiat, e lançou-se pelas estradas, em busca. Havia urgência. Mas o fato de estar contando esta história mostra que a procura foi bem-sucedida.

Emergi da doença, fraca e magra. Frágil. Os médicos, que não teriam podido me curar sem o antibiótico, diagnosticaram esgotamento nervoso e proibiram minha volta às aulas. Receitaram injeções dolorosas das quais me livrei graças a sentidas gritarias. Então me deram vitaminas e passei a flanar feliz. Durante meses me senti um tanto superior, eu era uma menina que não precisava ir à escola, e que havia escapado da morte.

Chamava-se Zeno Vinci, o amigo da minha mãe, e era conde. Um homão de olhos azuis, que mal cabia no seu minúsculo carro, pai do menino que eu amava em segredo e com o qual Arduino e eu brincávamos desde pequenos, Bonfrancesco, ou Boni. E uma tarde, pela primeira vez desde nossa volta, Boni veio me visitar. Estava fardado, da boina aos coturnos, com uniforme da RAF. Pareceu-me deslumbrante.

A lembrança de Porto San Giorgio é indissociável dos Vinci. Passavam o inverno no apartamento deliciosamente inglês de Florença que conheci muitos anos mais tarde, sofás de *chintz* florido, ranger de antigas madeiras, perfume de couro e de tabaco, e os quadros, os objetos de arte. Ela, Andreola, pintora de quem guardo dois retratos que fez da minha mãe, mulher pequena e altiva que ainda mais pequena ficava junto do seu gigante marido, havia herdado sangue inglês do pai e alta nobreza da mãe. Passavam os meses quentes na imponente *villa* renascentista de nome Boccabianca, cercada de enorme parque, de campos e plantações. Nos campos, que mais tarde seriam transformados em vinhedos, plantava-se trigo, na *villa* criavam-se cães bassês para o prazer da família.

A vida acabaria trazendo Boni para o Brasil, lhe daria esposa e filhos brasileiros, depois uma companheira também brasileira. E o levaria de regresso à Itália e a Boccabianca. Mas essa é outra história.

Na que estou contando, Boni chega fardado para me visitar. Crianças não usavam farda, nem de brincadeira. Mas a dele tinha uma bela razão de ser. Uma noite, antes do fim da guerra, a artilharia antiaérea da costa adriática abateu dois aviões da RAF, e os pilotos, que haviam saltado de paraquedas, caíram em área de densa vegetação. Era terra de Boccabianca. Levados aos Vinci, os dois oficiais foram bem recebidos, bem tratados, e escondidos até o fim, embora os alemães punissem com o fuzilamento quem desse guarida a inimigos. A farda miniatura, mandada fazer sob medida, era uma delicada mensagem de gratidão.

Outro amigo fazia parte desse grupo, Giulio Garulli, ele também conde.

Manfredo dizia, brincando com a nobreza dos amigos, que na região de Marche todos haviam sido feitos condes graças a um equívoco em antiga bênção papal. Giulio era um dos últimos exemplos perfeitos da sua espécie. Nunca trabalhou. Vivia da renda das suas terras, que foi minguando à medida que ele vendia chão para pagar dívidas de jogo. Estava sempre de bom humor, sempre impecavelmente vestido e penteado. Gomalina. Perfume de lavanda. Não se barbeava sozinho, não ia ao barbeiro, o barbeiro ia aonde ele estivesse, e o escanhoava, ainda na cama. Quando em Roma, morava em hotel, sempre o mesmo, elegante, perto de Via Veneto, sempre no mesmo quarto. Quando em Porto San Giorgio, ficava na propriedade da sua família, uma *villa* belíssima embora não tão imponente quanto a dos Vinci. No álbum da minha mãe há várias fotos tiradas lá em 1942 e 43, era uma amizade antiga. Eu os vejo juntos no jardim, ele de terno e gravata, lenço branco no bolsinho, sorridente, e percebo que nunca o vi vestido de outra maneira, a não ser na praia. E a vejo sozinha ao ar livre, banhada em sol, usando um *blazer* de lã, perto de uma mesinha de chá sobre a qual cintila, ao lado da chaleira de prata, uma garrafa de Anisetta. É o mesmo licor de anis que ela gostava de tomar com água e gelo, quando então perdia a transparência e tornava-se esbranquiçado. Cheguei a prová-lo várias vezes, escondida, e outras tantas o promovi a leite para a mamadeira da minha boneca.

Arduino e eu nos sentíamos bem com Giulio, mais do que com os outros amigos da nossa mãe, porque não nos intimidava e nos dava atenção. Nos dava também dinheiro, vez por outra, para que fôssemos comprar sorvete ou torrone. Ganhando no jogo, uma noite, em mesa de carteado barata e brincalhona na sala do Albergo Vittoria, convenceu nossa mãe de que não havia perigo nenhum em nos deixar ir sozinhos até a confeitaria. E fomos correndo, amedrontados e poderosos, lançados, com autorização, na grande aventura da escuridão.

Aos poucos, Giulio foi vendendo todos os bens familiares, generoso consigo e com os outros. Acabou sem nada, acolhido pelo amigo de sempre, Zeno Vinci, vivendo com ele em Boccabianca, bebendo, jogando e rindo juntos como sempre haviam feito. A mãe dele havia partido bem antes. Fora, como dizia minha avó, uma das mulheres mais elegantes do seu tempo.

Com a mesma bicicleta que o havia trazido até a fábrica em Bérgamo, Manfredo veio nos ver. Certamente não vinha de tão longe pedalando, mas de onde vinha não perguntamos, assim como não havíamos perguntado na primeira visita onde conseguira bicicleta tão estupenda em tempos tão difíceis. Desta vez fomos todos para a calçada, admirá-la. Os italianos são apaixonados por ciclismo, os poucos transeuntes paravam para olhar, breve havia um pequeno ajuntamento. Era um modelo de corrida, *design* moderníssimo, e leve, de uma especial liga de alumínio. Meu pai, orgulhoso como se a tivesse fabricado, dava explicações e demonstrava o peso-pluma levantando-a sem qualquer esforço com uma única mão. Nós dois partilhávamos o entusiasmo.

Porque Manfredo havia vindo, e era verão, meu tio viajou de Roma para juntar-se a nós. Reuniões não eram comuns na nossa família, e, aproveitando o espírito de comemoração, uma noite fomos todos à ópera. Não em Porto San Giorgio que nem teatro tinha, mas na vizinha Fermo, importante cidade histórica da região. Havia um trem ligando as duas cidades, o mesmo que minha prima tomava às seis da manhã, para ir estudar. Um trem modesto que, talvez por isso mesmo, continuava funcionando. Mas não sei se fomos de trem. Sei, porque é impossível esquecer a primeira ópera, que era uma apresentação da *Turandot*. Apresentação que os adultos devem ter achado bem modesta mas que para mim foi avassaladora. O palco iluminado de verde, o carrasco oriental com o longo rabo de cavalo surgindo da cabeça raspada, a cimitarra erguida entranharam-se no meu inconsciente como se dele tivessem saído. A ficção fundiu-se com a realidade. Nos anos a seguir, meu tio haveria de se aproveitar disso, ameaçando cortar meu polegar com uma cimitarra "como aquela!" se eu continuasse a chupá-lo. E eu própria me apoderaria da cena mais tarde, repetindo-a no livro "Ana Z. aonde vai você" e utilizando na ilustração a arquitetura da mansão do Parque Lage, no Rio, onde morei.

Manfredo se foi, e nós nos mudamos. Deve ter sido um acordo do casal, quem sabe, uma forma de economia. O fato é que deixamos o Albergo Vittoria e alugamos uma casa de pescador. As casas dos pescadores em Porto San Giorgio eram todas iguais, construídas no passado como casas operárias, de tijolinhos, dois andares, uma colada na outra, formando um paredão de portas e janelas ao longo de toda a rua. Assim, ruas seguidas.

Reencontrei aquela rua, quando voltei com Affonso e as meninas, mas entre tantas casas idênticas me foi impossível saber qual havia sido a nossa, qual o ponto da calçada em que nós três crianças sentávamos à noite, olhando as estrelas.

Nossa casa de pescador não tinha pescador. Não sei se morto ou ausente. Presentes estavam a mulher, sólida, alegre, e o filho, Peppino, da nossa idade. Alugamos a casa com eles dentro. Nós ficamos com os dois quartos em cima, mais um pequeno no meio, e o banheiro, eles continuaram morando no andar de baixo. Ela cozinhava para nós, que comíamos na pequena sala de jantar.

Pela primeira vez, tínhamos um companheiro constante de brincadeiras.

A última das casas de tijolinhos da nossa rua — ou a primeira — havia sido completamente destruída. Completamente não significa arrasada, no chão, significa sem telhado, com algumas paredes de pé, nunca inteiras, com um pedaço da escada e, é claro, com parte das paredes azulejadas onde haviam sido banheiro e cozinha — a guerra me provou a inabalável aderência dos azulejos. Uma casa arrasada não tem mais piso, mas montes desiguais de entulho e de tijolos. Falo de casas anteriores ao cimento armado, que não possuíam ossatura de metal para deixar exposta, casas sem vergalhões, que vinham abaixo em massa compacta, como um animal de grande porte abatido. Numa casa destruída devemos contar ainda com a sobrevivência de quinas, sempre as mais resistentes, e eventualmente de uma ou outra viga de madeira do telhado, sempre a ponto de cair.

Acrescente-se o cheiro de urina e fezes, e temos uma ruína como tantas.

Mas aquela não era como tantas. Era a nossa. Logo nos apoderamos dela, apesar das recomendações em contrário. Ruínas são perigosas, dizem os adultos, são instáveis, correm o risco de desabar a qualquer momento. Ruínas são mágicas, diriam as crianças se a voz delas fosse ouvida, deixaram de ser o que eram e podem ser transformadas em qualquer outra coisa, perderam o rigor de uma ordem intocável e se deixam manipular sem protesto.

Corríamos para lá sempre que estávamos disponíveis. E tínhamos muita disponibilidade. Toda ruína é ao mesmo tempo um sítio arqueológico e um canteiro de construção. Escavando entre os escombros há sempre o que encontrar, cacos, restos, uma maçaneta, a parte identificável de alguma coisa que já não existe, um caderno, metade de uma jarra, uma tampa. Tudo será aproveitado nas novas construções. Arrastam-se tijolos, empilham-se, aproveita-se um resíduo de parede para inventar uma casa de mentira na casa que foi de verdade, constrói-se um elevado que pode ser banco ou mesa ou cama, inventa-se um degrau. Tudo podendo ser desfeito no dia seguinte, para atender a nova brincadeira.

A ruína era também nosso clube, o lugar onde nos reuníamos com os outros meninos da área, todos amigos de Peppino. Jogávamos. Mas não com cartas tradicionais — que não as tínhamos — e sim com cartas tão inventadas na época quanto nossos jogos. Eram os *pupi*, obtidos a partir das caixas de cigarros do exército de ocupação. Caixas rígidas das quais destacávamos as tampas, Navy Cut, Camel, L&M, e as minhas favoritas, Craven A, vermelhas ou verde-esmeralda com o gato preto. Cada marca de cigarro tinha um determinado valor. E não valiam só como cartas, eram também nossas figurinhas e nosso dinheiro, moeda de troca para os mais variados escambos.

Não teriam sido difíceis de obter, não fosse a procura. Valiam para todas as crianças, pelo menos as da cidade. Sorte é que os ocupadores — hesito entre libertadores e invasores, descarto os dois — fumavam muito.

Eram, de algum modo, nossos vizinhos. Um QG havia sido estabelecido do outro lado da nossa rua, quase em frente à nossa casa. E, no porão desse QG, uma prisão. As janelas gradeadas, sem vidros, ficavam no nível da calçada, emitindo a cantoria, o vozear. Não se tratava de bandidos, assassinos — todo mundo ali já tinha vivido sua boa dose de assassinatos legitimados —, eram insubordinados, arruaceiros. E não negavam seu caráter. Havia sempre vários na mesma cela ou porão, alegres como se ainda sob os efeitos da bebedeira ou da briga que os havia levado lá embaixo. Para nós, extremamente divertidos.

E porque percebiam que os observávamos, começaram a nos chamar, braço para fora das grades, risos, meias palavras em italiano, "ei, *bambino*!". Logo nos entendemos. Queriam bebida, vinho, a única bebida alcoólica que poderíamos conseguir, ofereciam pagamento em chocolate, comida em lata, chicletes — chiclete era para nós a mais moderna e deliciosa das novidades. As negociações não demoraram, apesar da diferença de línguas. E logo saímos em campo para obter o prometido.

Dinheiro não tínhamos, não existia o costume da mesada que viria a vigorar mais adiante. E não podíamos pagar com *pupi*. O único jeito era roubar vinho da nossa própria casa. O que foi feito sem escrúpulos e com algum talento. Da primeira vez diminuímos o nível de uma garrafa, esperando que nossa mãe não percebesse. Não percebeu. Da segunda, já mais gananciosos, demos uma boa enxugada na garrafa e completamos com água o que faltava. Aí, sim, nossa mãe percebeu. Só não se deu conta do uso que dávamos ao vinho, pensou que o tivéssemos derramado sem querer ou brincando, até que o tivéssemos bebido, não suspeitou de comércio. Havíamos conseguido ainda surrupiar o Marsala que se usava para cozinhar, uma ou outra bebida alcoólica da casa, quando o comandante bateu à nossa porta.

Mas, a essa altura, já havíamos comido o chocolate.

Lembro dos americanos na prisão improvisada, e ouço um barulho rascante, monótono, acompanhando suas vozes. É um vizinho, três casas adiante, adolescente com cara um pouco idiota mas só por causa da idade, que uma vez mais está polindo, girando-a incansavelmente sobre a calçada onde jogou um punhado de areia, a beirada do copo que acabou de cortar de uma garrafa de cerveja dos americanos. Água, azeite, um barbante amarrado na altura desejada, uma chama, e *plact*, parte-se a garrafa. Todas as vezes que, ao longo da vida, tentei imitar a técnica na qual ele parecia mestre, deu errado.

Porque as casas eram geminadas, os telhados formavam um *continuum*, extensão única e uniforme ocupando todo o alto de um quarteirão. Pareceu-nos que seria delicioso de explorar. Empilhamos uma cadeira em cima de uma mesa, nos metemos por um alçapão, e estávamos no sótão. Dali foi fácil retirar algumas telhas e sair. A altura nos pareceu estonteante. Tudo era espaço livre ao redor, tudo era amplidão, ar e vento se abriam infinitos ao nosso redor, sem obstáculos, como nunca antes. Embora fossem só dois andares, foi como se víssemos a cidade do alto, em sobrevoo. Andamos um pouco com cuidado, sentamos, voltamos a andar, Arduino caminhou um tanto em direção à beira. Lá embaixo, braços metidos entre as grades acenavam para nós. Eram os presos, nossos amigos. Acenamos de volta, felizes que estivessem acompanhando nosso feito. Mas eles não estavam nos enviando saudações laudatórias, tentavam nos avisar do perigo, nos fazer recuar. Em poucos minutos, vimos o comandante atravessar a rua rumo à nossa casa. O passeio no telhado acabou ali. Porém nossa relação com os soldados da cadeia, com os quais havíamos sido proibidos de conversar, ganhou um sabor mais terno do que apenas o do escambo.

E lembrar do exército de ocupação traz outra lembrança pungente: as botas das militares polonesas. Eram visivelmente macias, cano médio, e vermelhas. A lembrança é pungente porque as desejei tanto, nunca consegui ter nada sequer semelhante e, agora que seria possível, a idade de usar botas vermelhas já passou.

Fomos a Roma, antes de meu pai viajar para o Brasil. Ir a Roma significava tomar um ônibus de manhã muito cedo, antes do amanhecer, cruzar os Apenninos e suas infindáveis curvas, enjoar muito, vomitar outro tanto, parar no ponto mais alto do percurso, respirar enfim um reconfortante ar gelado, sabendo porém que faltavam as curvas da longa descida. E ainda por cima com sede, a sede sendo considerada antídoto contra o enjoo. Lembro da vez em que fomos de carona na Topolino de Zeno Vinci. Eu no colo da mãe, exortada o tempo todo a olhar para a frente, só para a frente — outro remédio poderoso. Na parada estratégica havia neve cintilando no chão e nas encostas, neve que eu não via desde Albavilla e que tentei reencontrar acariciando-a com a ponta do mocassim. Mas, à hora do lanche, só a mim tocou sanduíche de salame, quase salame puro, que fui obrigada propositadamente a comer sem um gole do que quer que fosse.

Para nos despedir de Manfredo, saímos de casa em Porto San Giorgio, ainda noite, caminhamos no silêncio e no frio das ruas adormecidas, em direção à parada do ônibus. Havia uma única janela acesa, em um segundo andar, pensei que ali estava uma criança doente, a mãe cuidando dela, chorei em segredo por ela ou por mim. Depois fiz disso uma redação, meu primeiro conto de infância. Não prestava, era muito melodramático, mas se relembro aquela madrugada a luz continua acesa.

Chegamos a Roma e tudo era gás neon. Ruínas disponíveis aos meus olhos, só as do Império Romano. Declarando-se Cidade Aberta, entregando as armas, a capital escapara à destruição, apesar do bombardeio de 18 de julho de 43, que chegou a danificar nossa tumba de família — foi dito na época que entre os aviadores daquele ataque estava o ator Clark Gable, mas a suposição possivelmente romântica nunca foi comprovada.

Liberada desde 44, tivera um bom tempo para se recompor. Eu que havia passado quase toda a minha vida em cidades escuras, cidades que à noite pareciam nem ter janelas, em que as portas antecedidas por cortinas pretas só se abriam de uma negritude a outra, cidades em que a noite era um poço e a luminosidade um perigo, me via de repente em ruas cintilantes, cheias de palavras e desenhos traçados com luz colorida, luzes e cores que se refletiam e multiplicavam em farândola nos espelhos e nas vitrinas. A cidade havia se convertido, aos meus olhos, em fogos de artifício.

Só aos meus olhos. Bem mais do que a *féerie* elétrica, os adultos viam a cidade do pós-guerra, em que muitos se locupletavam ávidos por vantagens enquanto outros tantos lutavam para reorganizar suas vidas destroçadas, uma cidade invadida pelos militares da ocupação, pelo mercado negro, pela prostituição, que assim mesmo tentava sorrir e recuperar sua dignidade.

A grande onda dos julgamentos ia chegando ao fim, a prisão de San Vittore, onde tantos — falava-se até em 3 mil — haviam sido fuzilados, voltava à ordem. Teruzzi, o gerarca amigo do meu pai que em tempos idos havia nos convidado para sua casa na rocha, foi processado, condenado a 30 anos de reclusão, e viria a morrer no cárcere em 1950 — uma outra versão circula, segundo a qual permitiu-se que escapasse aos *partisans* e passasse discretamente o resto da sua vida no sul da Itália, vindo a morrer na Ilha de Procida. Mas aos poucos a ânsia de vingança cedia lugar a um desejo, ou a uma necessidade, de esquecimento.

O fato de Manfredo estar prestes a partir não nos acabrunhava, fazia parte da nossa normalidade. Ficamos uns dias juntos, e foi bom. Fomos jantar fora uma noite em uma *trattoria* tradicional, Il Pompiere, hoje substituída por uma espécie de enoteca. Eram famosos seus *supplì*, bolinhos de arroz recheados de *mozzarella*. O jantar foi longo, saímos na noite fria, eu com sono, cabeça deitada no ombro do meu pai, sem entender por que se referiam à fonte pela qual passávamos como sendo Das Tartarugas. Não havia ali tartaruga alguma, só as bonitas cubas com cabeças de golfinhos. Ninguém me explicou, porque não perguntei, que os quatro efebos de bronze esculpidos na Renascença por Taddeo Landini, e as quatro tartarugas acrescentadas um século mais tarde por um escultor desconhecido haviam sido retirados, como tantos tesouros artísticos na Itália inteira, e guardados em lugar seguro. Como antes as palmeiras da costa, durante anos as altas colunas esculpidas e os obeliscos de Roma foram envoltos em proteções. Quando afinal eu também parti para o Brasil, efebos e tartarugas continuavam dormindo juntos em algum depósito.

O Brasil começou a se infiltrar no meu destino antes mesmo que eu tivesse um. E o fez pela mão, ou pela voz, de Gabriella Besanzoni, irmã caçula do meu avô paterno, a maior contralto do seu tempo, de quem Mario de Andrade disse que deveria ser ouvida "de joelhos".

No início de 1918, Gabriella acabava de se apresentar com enorme sucesso em Madri e Bilbao, quando foi contratada para cantar na América do Sul. A turnê começa em maio no Teatro Colón de Buenos Aires, segue para Rosário, depois Montevidéu. Em setembro, um dia antes do seu aniversário, Gabriella estreia no Rio, cantando *Sansone e Dalila*. Cantará ainda *Norma*, *Mignon*, *Ballo in Maschera*, e *Carmen*, a ópera que a tornou inesquecível. É no camarim do Teatro Municipal, depois da apresentação de *Carmen*, que recebe flores acompanhadas por um cartão em que o armador Henrique Lage a convida para jantar. Não aceita. Está apaixonada por Arthur Rubinstein, que encontrou pela primeira vez em Madri e que será amor importante em sua vida. Tem ainda um caso com o empresário que organizou a turnê. E, razão primeira, a carreira é seu maior interesse. Além disso, não conhece esse homem.

A escolha prova-se certa nos três anos seguintes. Gabriella se apresenta nos maiores centros líricos do seu tempo, obtém êxito estrondoso no México cantando a *Carmen* com Caruso, e assina contrato com o Metropolitan de Nova York. Mas em 1922 a relação com Rubinstein já acabou, e uma nova turnê traz Gabriella de volta ao Rio. Dessa vez, o convite que recebe de Henrique Lage é para um jantar em sua casa na Ilha de Santa Cruz. Ela aceita, porém, acreditando tratar-se de um avanço amoroso que não está disposta a atender, embarca na lancha que ele mandou para buscá-la, levando toda a companhia. Quer surpreendê-lo com um ato de descortesia. Mas é ela quem se surpreende ao chegar. A festa é grande, elegante, Henrique a recebe, e a seus companheiros, com extrema fidalguia. Depois da festa, a acompanha até o hotel.

Ocorre outro encontro. Em breve, ele a pede em casamento. E, mais uma vez, Gabriella se surpreende com esse homem interessante e determinado que afirma amá-la, além de estar visivelmente apaixonado por sua voz. Mas a hora não é essa. Ela diz que não. Ele responde que vai esperá-la, ela ainda não o conhece o suficiente para acreditar. E parte.

Nos anos seguintes se encontram na Europa, aonde ele vai diversas vezes para ouvi-la cantar — pelo menos foi o que sempre se disse em família. Houve outros pedidos, ela hesitava. O fato é que em 1925 Gabriella se apresentou em São Paulo. E no dia 7 de fevereiro daquele ano, casaram-se, em cerimônia realizada na Ilha de Santa Cruz. Hoje a ilha pertence à Marinha e de pouco ou nada serve, o mato deve ter crescido nos caminhos, mas naquele dia os convidados almoçaram debaixo de uma pérgula entre flores, e tudo foi beleza ao redor dos noivos de branco, ele em linho, ela de turbante, o vestido fluido ofuscado por tantos colares de pérolas.

Padrinhos de Gabriella, meu avô e minha avó vieram com os filhos. E nesse dia, nessa ilha na Baía de Guanabara, meu destino brasileiro lançou suas fundações.

Manfredo encantou-se com o Rio. Voltaria depois, para passar uma temporada com os tios na ilha — a mansão do Parque Lage ainda não havia sido construída. A estadia de mais de um ano teve resultado definitivo. Certamente foi aqui, indo e vindo de lancha no límpido azul então cheio de peixes, frequentando o Rio de Janeiro elegante, descobrindo o samba e o carnaval, que meu pai aprendeu a amar os trópicos e a desejar a diferença. É provável que, se não tivesse começado a escrever artigos políticos para o jornal *Fanfulla*, obrigando tio Henrique a recambiá-lo para a Itália, teria ficado definitivamente no Brasil. E é igualmente provável que sem a estadia brasileira não escolhesse, mais tarde, viver na África.

Ao fim da guerra, encerrado com a perda das colônias seu projeto africano, aniquilado com o fim do fascismo seu universo ideológico, destruído seu próprio país, Manfredo voltou-se para o Brasil como quem retorna ao primeiro amor.

No verão de 46, um *referendum* havia acabado com a monarquia italiana, instituindo a República. Durante todo o outono anterior, minha mãe enfeitou a gola dos seus *tailleurs* com um broche de brilhantes em feitio de folha de hera, para tornar evidente sua posição política. A folha era o símbolo da República.

Mas em casa meu tio lamentava a mudança, e pelo resto da vida haveria de vivê-la como uma perda pessoal, uma cama de gato armada pelo destino. Quando jovem, certamente devido à sua amizade com os príncipes Borghese, frequentara a Corte, escolhido para mostrar e explicar as belezas artísticas e históricas de Roma à então Princesa Maria José de Piemonte, filha do Rei Alberto I da Bélgica e casada com o herdeiro do trono italiano, Umberto di Savoia. Sentira-se quase um aristocrata de tornozelos finos, passeando com a princesa e com as damas de companhia, convidado para as festas reais, íntimo dos aristocratas de fato. Com orgulho, exibia na biblioteca as fotos do casal real, autografadas por ocasião do nascimento do meu irmão. E enquanto Umberto, deposto pela República, esteve vivo em seu exílio em Cascais, meu tio não deixou de enviar-lhe pontuais cartões de Natal. As respostas protocolares de Umberto estão guardadas comigo. As fotos, assim como a correspondência do meu avô com personalidades da cultura italiana — Benedetto Croce, Luchino Visconti, Umberto Giordano, Francesco Cilea e outros —, foram leiloadas na Sotheby's, em março de 2000, pelo único herdeiro de meu tio.

Somando meu pai fascista, a família convivia com um *mix* político bastante variado que, por alguma misteriosa razão além do afeto, conseguia administrar sem maiores atritos.

Um jipe vem pela estrada

Quando, em Porto San Giorgio, não brincava com Arduino ou com Peppino e seus amigos, brincava com uma menina, filha de outra amiga da minha mãe. Sem a mesma frequência, porém, porque para encontrá-la não bastava abrir a porta e sair, eu precisava ser levada e dependia do acordo das nossas mães.

A Costa Adriática daquele tempo era toda simetricamente dividida entre cidades e bosques de pinheiros. Quando no Brasil dizemos pinheiros pensamos logo em coníferas, montanhas, aquele cheiro. Quando eu digo pinheiros, penso em altos troncos limpos, copas em para-sol, e aquele cheiro. Mas o cheiro é outro. E penso em agulhas debaixo dos pés, que as meninas emendam formando correntes de brincadeira para pôr ao redor do pescoço. Debaixo dos pinheiros da minha memória, quase nada cresce, e em meio ao mínimo verde procuram-se *pinoli*, aqueles pequenos pinhões protegidos por dura casca coberta de pó preto.

Porto San Giorgio não fugia à regra. Terminava à direita em um pinheiral, uma *pineta*, um tanto misteriosa, que abrigava em uma parte a colônia de férias das freiras, e à esquerda na enorme *pineta* que eu acreditava pertencer ao jardim dos condes Salvadori Paleotti, mas que talvez apenas o costeasse. Era com a filha caçula deles, Dianella, que eu brincava.

A memória guarda o que bem entende, que nem sempre é o que se precisa guardar. Em algum empoeirado arquivo mental conservei para sempre o nome da amiga da minha mãe. Blanchefleur não é nome que se esqueça. Com Blanchefleur minha mãe jogava *bridge* na Lega Navale. Nunca as considerei muito íntimas, mas deve ter parecido às duas que seria bom juntar suas filhas, a da *pineta*, que ficava mais sozinha na *villa*, e a da casa de pescador, que só brincava com meninos. Então havia tardes em que minha mãe me conduzia até lá e me entregava à mão da menina e à vigilância da governanta, enquanto ela e Blanchefleur tomavam chá e carteavam na grande sala luminosa.

Era divertida Dianella, pálida e cacheada, mas divertida. No seu quarto de brinquedos um pequeno baú guardava junto com outros adereços duas fantasias completas: um fraque e uma bailarina. Talvez por ela ter cachos e eu não, ou por ser ela menor, dois anos mais nova, nunca fui sorteada com a da bailarina. Ficava com o fraque, de cartola, luvas brancas e sapatinhos de verniz. E assim trajadas, sozinhas no grande cômodo claro, representávamos histórias acabadas de inventar. Tive outras roupas de bailarina depois. Fraque, nunca mais.

Não brincávamos só no quarto. No grande parque que rodeava a *villa* e que terminava na *pineta*, o pai havia separado um canto junto à horta para que fosse horta pessoal da filha. Não creio que ela plantasse ou regasse as hortaliças, pelo menos nunca nos empenhamos nessas atividades. Mas durante longas tardes conversamos e brincamos a cavalo de uma alta figueira, provavelmente no galho mais baixo. Sendo dela a árvore, dela eram todos os frutos, e tão doces. Suspensas no ar, pernas pendentes, corpo encostado no tronco morno, era comer e conversar, conversar e comer, o fio da infância desenrolando como se de um novelo.

Havia também, naquele jardim, uma moita alta de louro. Não sei mais se por sua própria natureza ou por habilidade das nossas mãos era desfolhada por dentro, apenas o quanto bastava para nos acolher, escondidas como se dentro de uma gruta. Aquele mínimo espaço sombrio e fragrante, que como tantos esconderijos de infância desempenhou inúmeros papéis, aflora em mim com um afago toda vez que rasgo entre os dedos uma folha fresca de louro.

Quando, já tão distante da infância, voltei a Porto San Giorgio com Affonso e minhas filhas, caminhei guiando a família para o lado direito do *paese*, esperando chegar aos altos troncos. Só encontrei *paese* e mais *paese*, agora com edificações modernas. E quando caminhei para o lado esquerdo encontrei o grande portão gradeado da *villa*. A um homem do lado de dentro, talvez jardineiro, perguntei pelas "meninas". Só estava a mais velha, Valentinella, que um dia havia feito um vestido para minha boneca. A mais moça —

me disse o homem — quase não vinha. E eu não pedi para entrar, temendo não ser reconhecida, e sabendo que já não me caberia o fraque nem viria a bailarina de rosa me receber. Olhei entre os arabescos de ferro batido, o parque acabava agora bem antes de onde havia sido a *pineta*, e no lugar da *pineta* havia *paese* e mais *paese*.

As *pinete* acabaram, nos disse durante o jantar o garçom do restaurante da praça, a mesma praça aonde eu ia comprar sorvete com meus trocados de criança. Acabaram aos poucos, disse, e disse também que tinha parentes em São Paulo, que o futebol, o carnaval, aquelas coisas. Foram construindo e vendendo, para o turismo é ótimo, acrescentou, mas agora a Costa Adriática começa lá em cima e acaba lá embaixo, toda povoada, toda igual, sem *pinete*. De onde será que vêm os *pinoli* que compro no supermercado, me perguntei em silêncio. E pedi o prato da casa, *brodetto di pesce*, porque queria reencontrar o leve sabor antes festejado na sala de jantar do Albergo Vittoria, sabor a encorpar com pedaços de pão molhados no caldo. E porque queria levar para casa, no brinde do prato pintado, a escrita: Porto San Giorgio.

Este livro já estava pronto quando, quase replicando meus pensamentos e minhas lembranças, a internet despejou no meu escritório um passado agora concreto. A mensagem totalmente inesperada dizia, em italiano: "Marina muito querida, só duas linhas porque não sei se este *e-mail* te alcançará, como espero. Sou Dianella, Dianella Salvadori. Você se lembra de Porto San Giorgio? Eu tenho uma lembrança de amizade e simpatia. Estamos falando de mais de 60 anos atrás!! Na internet vi que você é uma escritora conhecida e li também alguns poemas teus de que gostei muito. Ficaria tão feliz se conseguisse te contatar, e espero agora receber um sinal teu de resposta. Tomara que esta mensagem não se perca no ar. De qualquer modo, te mando um grandíssimo abraço, Dianella."

Minha sensação imediata foi que ela não me havia encontrado por acaso naquela esquina da internet, mas atendendo a um apelo, um chamado. Tanto eu havia pensado nela, indo encontrá-la no seu quarto claro da *villa*, abrindo o pequeno baú das fantasias, sugando os figos que deixavam a boca cheia de doçura e aspereza. Tanto eu havia girado a roda do tempo para buscá-la, que de repente minha pequena amiga estava ali, na tela do computador, saltando por cima de 60 anos de distância e silêncio.

Na mensagem seguinte mandou-me três fotos. Uma era dela, atual, o rosto sereno voltado para um lado, sem cachos, cabelo curto, o mesmo jeito, o mesmo sorriso. Outra, eu de pé no tombadilho de um pequeno veleiro coberto com lona, segurando um estai, talvez o mesmo veleiro que foi meu secreto camarim teatral, seguramente o mesmo vestido que havia usado no inverno, de ninho de abelha no peito, semicoberto por uma suéter de mangas longas porque ainda fazia frio em Porto San Giorgio embora a primavera devesse estar adiantada. A foto é em preto e branco, mas reconheço os meus sapatos, mocassins macios, sem forro, que minha mãe havia mandado fazer porque os sapatos forrados me feriam os pés, e na foto sem cor os mocassins sobressaem ao meu olhar como uma mancha, vermelhos, iguais aos sapatinhos de Hoffmann, era isso que todo mundo dizia, sapatinhos vermelhos como aqueles encantados do conto. Na terceira foto estamos nós duas sentadas na grama do jardim, de mãos dadas. Como é possível, me pergunto, que fôssemos tão meninas, de lacinhos nos cabelos, se nossas lembranças — agora conheço também as dela — são tão precisas, tão próximas?

Mandou-me as três fotos e naquele dia fui dormir pensando nelas, e no dia seguinte acordei pensando nelas. Uma página do passado que eu havia evocado durante um ano inteiro estava de repente no meu computador, viva, palpitante. E eu toda palpitava com ela.

Continuamos nos escrevendo depois. Fiquei sabendo que a *villa* que eu sempre havia conhecido como Villa Salvadori se chamava Villa Marina. É provável que nunca o tenha sabido, porque dificilmente esqueceria meu próprio nome. E soube que o nome da mãe de Dianella era ainda mais bonito do que eu lembrava, nome antigo provençal, Blanceflor. E com os nomes vieram lembranças vistas com outros olhos através dos quais me vi.

"Sei que a certa altura começou-se, em casa, a falar da bonita mulher Lisetta que havia chegado não se sabia de onde, com dois filhos, e estava no Albergo Vittoria. Acabei amiga de Marina. Sei que tinha lindos olhos cinzentos, um vestido azul-claro, e eu gostava muito de estar com ela. Eu gostava também de ir à Piazza Mentana, diante do seu hotel, onde comíamos infinitas balas, algumas envoltas em papel vermelho transparente que olhando através mostrava tudo rosa."

Descubro que eu tinha olhos cinzentos. Igual a mim, a cor dos meus olhos esteve em trânsito até chegar à idade adulta. Nasceram escuros e foram clareando à medida que treinavam na visão da vida. A prosseguir assim, acabarei com olhos cor de água. Eu gostava de ir à casa dela, ela gostava de vir à minha praça, mas há muito deixamos as duas de olhar o mundo através de um papel de bala.

Foi naquela temporada de verão que o teatro acenou na minha direção. Uma jovem mulher que frequentava a Lega Navale, pouco mais de uma adolescente, decidiu montar um grupo amador de teatro infantil. Arduino e eu fomos convocados, junto com outras crianças, para sermos atores. Meu papel era menos que insignificante, uma fala pequena ou pouco mais. Mas tanto me empenhei, que em poucos dias fui promovida. Ganhei um papel maior. De acordo com nossa capacidade de decorar, mais do que de representar, íamos sendo remanejados pela produtora/diretora/idealizadora, tão amadora quanto nós todos.

E eis que, antes mesmo de qualquer ensaio consistente, me vi avançando na escala de valores, até alcançar o papel principal. Era uma história de rei e princesa, só isso lembro das falas que decorei cheia de zelo. Lembro, em compensação, do sentimento de resguardada privacidade com que rastejava para debaixo da lona que cobria um pequeno veleiro puxado em seco, descendo até a areia. Cuidando para que ninguém me visse, levantava a lona com as mãos, metia a cabeça sentindo o tecido duro raspar no cabelo, e penetrava no espaço escuro e abafado ao redor do casco. Acocorada debaixo da proa, com as folhas do texto no colo, repetia então as falas que me transportavam para o grande palácio real.

A peça nunca aconteceu. Quando eu já me imaginava estrela do espetáculo, a diretora desistiu. Arduino, que logo no início havia sido descartado por não conseguir decorar suas falas, viria a se tornar ator de tantos filmes importantes do cinema brasileiro. Eu, como a jovem diretora de Porto San Giorgio, decidi antes mesmo de qualquer ensaio que aquilo não era o que eu queria.

Não estava encapotada Gina dessa vez, quando chegou para nos visitar. Vinha trazida pela saudade de nós crianças ou do mar ou da vida que havia vivido conosco e que agora não era mais possível. Vinha porque precisava contar, repetir para alguém que não fosse da casa cor de romã, alguém que não fosse da sua terra e não soubesse. Sentou-se na beira da cama com minha mãe, encostaram a porta para conversar, e escondida atrás da porta eu não ouvi tudo o que disseram porque falavam baixo, nem entendi tudo o que ouvi porque desconhecia o principal, mas percebi com clareza que uma parte da vida dela havia sido tomada. Anos depois, minha mãe completaria para mim os vazios daquela narrativa.

Gina ainda cuida de nós dois em Como quando recebe a notícia de que o pai está doente, sente-se obrigada a nos deixar, e volta a morar na casa da Toscana. E uma tarde ela sai, o pai precisa de um medicamento. Gina vai andando pela estrada rural empoeirada, um jipe alemão se aproxima com três soldados a bordo. O jipe para, eles pedem mal e mal uma indicação. Parecem simpáticos. Gina não se assusta, há alemães por toda parte naqueles dias, além do mais ela é fascista, simpatizante. Por isso aceita a carona que lhe oferecem, por isso e porque sabe que não pode recusar. Mas não a levam à farmácia, nem são simpáticos.

É achada dias depois, quase morta, deitada nua num campo. "Eram três", repetia ela para minha mãe. E disse ainda que continuava tendo pesadelos, e que quando subia a escada da casa os via sentados no banco que havia no patamar. Isso eu ouvi claramente, e porque conhecia a escada e o banco me pareceu vê-los, parecidos com tantos outros alemães, sentados com suas fardas. "Eram três", repetiu ela, "e tinham nádegas brancas".

O pai de Gina morre em seguida, também devido a isso. É necessário que alguém cuide da casa, da terra, e os homens da família estão na guerra. Gina tem que casar. Mas quem foi encontrada quase morta em um campo não casa com quem quer, não pode se permitir escolher, não naquele tempo e entre camponeses. Quem foi encontrada quase morta casa com quem a queira assim mesmo. E Gina casou, sem amor e sem desejo, com o açougueiro do lugar.

Quando estava conosco, tantos cortejaram Gina, com seus cabelos louros cacheados de permanente e seus pálidos olhos azuis. Ela não quis nenhum.

Haviam deixado o quarto, minha mãe e Gina, tomavam café de pé na cozinha, minha presença estava liberada. E Gina contou do dia, faltava tão pouco para a guerra acabar, em que havia ido visitar seus vizinhos, ver se precisavam de alguma coisa naqueles tempos de necessidades extremas. Vizinhos era uma forma de dizer, significando os mais próximos e ainda assim distantes, Gina andou bastante costeando os campos, até chegar àquela casa grande tão semelhante à sua. Não viu ninguém no terreiro, na *aia.* Se foi alertada pela ausência ou pelo cheiro, não nos disse. Chamou, ninguém atendeu. Avançou por aquela terra polida por tantos séculos de passos, viu a porta aberta bem antes de chegar. Mas o primeiro morto estava do lado de fora, e lá dentro todos os outros, os daquela família que ela conhecia desde sempre, os que haviam crescido com ela e os velhos e as crianças jaziam metralhados e as rajadas haviam estraçalhado as paredes e destroçado as louças sobre a mesa.

Soube-se depois na redondeza que os alemães haviam descoberto dois homens escondidos no palheiro, dois homens que se haviam furtado à guerra para ajudar seus velhos e mulheres a cuidar dos animais e dos campos.

No verão, em Porto San Giorgio, tudo acontecia ao ar livre. Ao ar livre, à noite, dançava-se. O local era aquilo que em Roma já se chamava com o novo nome, boate, só que aberta. Um pátio grande, bem grande, renques de oleandros crescendo ao redor dos muros, um espaço elevado para a orquestra e mesas ao redor da pista. O nome, gravado no grande portal de pedra, *Giardino d'Estate*, deve estar lá até hoje. Os adultos iam quase todas as noites, nossa mãe com eles. E porque era aberto, a música metia-se entre as folhas, entornava por cima dos muros, escorria pelas ruas, e fundida com o calor entrava por portas e janelas, voz do verão aliciando os que buscavam o sono debaixo dos lençóis, os que se atardavam lá fora recolhendo algum refrigério.

Sentados na calçada diante da porta de casa, Peppino, Arduino e eu ouvíamos em silêncio aquele som próximo e distante, fantasiando uma idade adulta que parecia inatingível. Tinha uma voz bonita, Peppino, mais segura e forte que a dos outros meninos, ou assim nos parecia. E quando a orquestra para nós invisível tocava o grande sucesso do momento, *Pino Solitario*, Peppino cantava com ela. Era uma canção triste ligada, não sei bem por que já que não encontro em sua letra nada a esse respeito, à perda de Trieste. Depois de ter sido ocupada pelos alemães de 43 a 45, nossa cidade havia sido dividida em duas, uma parte para ser administrada pelos anglo-americanos, a outra pelos iugoslavos.

Peppino cantava e nós, que de Trieste tínhamos apenas uma ideia vaga, sentíamos pesar a melancolia. Atrás das grades, os presos da cadeia/porão pouco se importavam com o destino daquela cidade alheia e distante, mas a noite, a música, a voz do menino calavam seu vozerio e os traziam até a janela, conduzindo seu olhar em busca das estrelas.

No Giardino d'Estate minha mãe resolveu dar uma grande festa, à tarde, comemorando o duplo aniversário do meu irmão e da minha prima. Era o auge do verão, agosto. A orquestra estava lá, as mesas, pais e mães e amigos dançavam na pista. Mas estar no Giardino d'Estate com o dia claro não tinha o mesmo encanto, as fantasias tecidas à noite na calçada seguiam inatingíveis, eu continuava sendo uma menina um pouco acanhada, distante, tão distante daquela idade adulta que via na minha mãe maquilando-se à noite antes de sair, o corpo um pouco inclinado por cima da pia para aproximar-se do espelho, a escovinha molhada no rímel passando e repassando sobre os cílios.

Ganhei um vestido para a festa, mandado de Roma por minha avó. Era de levíssima seda preta entretecida com minúsculas rosas, gola e barra das mangas curtas em renda cor de chá. Eu era a única menina de preto na festa, a única pessoa de preto naquela luminosidade ruidosa de verão. Sem saber da minha elegância, sofri a tarde inteira por não estar metida em um vestido de organdi claro e armado como as outras meninas. Mas sofri calada, não ousando recusar o presente da minha avó, ou sabedora de que minha recusa não seria aceita. Ser diferente ainda não era para mim nem uma afirmação nem uma forma de requinte.

Floresceram as tulipas selvagens. Os morros ao redor de Porto San Giorgio cobriram-se de estranha lava ondulante, como se todos os botões de todos os talos tivessem desabrochado ao mesmo tempo. Crianças e jovens, em grupo, decidimos ir colhê-las. Subimos a encosta e, ávidos de um butim que era pura e indefesa beleza, começamos a cortar e recolher.

As braçadas depositávamos em um monte, que crescia e crescia, espécie de fogueira sem chamas, só pétalas. Que fazer, depois, com tantos cadáveres? Os jovens decidiram, iríamos depositá-los no antigo cemitério abandonado.

Árvores nascidas ao léu haviam desfeito a ordem dos caminhos, um mato modesto crescia por entre os túmulos. Alguns estavam abertos, desventrados por tempo e raízes, outros testemunhavam nas datas das placas o passado distante. Não havia trilhas, nenhum sinal de presenças vivas, ninguém ia lá havia muitos, muitos anos. Mortos os descendentes, os defuntos titulares haviam mergulhado em esquecimento, enquanto vida e guerras se encarregavam de abastecer novos cemitérios. Sobre aqueles mármores, ao pé dos pequenos monumentos ou dos medalhões encravados nas cruzes, íamos deixando feixes de tulipas. Uma alegria inesperada de vozes e chamados percorria o cemitério, o grupo se espalhava cumprindo a tarefa. E eis que de repente eu estava sozinha ao lado de uma tumba, e pela fresta, pela fresta larga e sombria entre a tampa caída e os tijolos da beira, uma caveira me encarava. Tudo emudeceu nesse olhar, os grilos e as cigarras do verão, as vozes. A tarde só recuperou sua plena luz quando desandei a correr.

Também o cinema era ao ar livre, sessões noturnas apenas. Os adultos sentavam em cadeiras meio bambas, magros pés de ferro plantados na terra nua. Nós, crianças, ficávamos com as laterais e a grama, mas sem cadeiras. Se chovesse, que era raro mas podia acontecer, saía todo mundo aos trancos, o filme ainda acontecendo na tela, os adultos derrubando cadeiras, chamando os filhos, nós aproveitando a escuridão manchada de claro para escapulir e chapinhar no molhado.

Dos filmes que vi lembro de um apenas e, desse, só a sequência que tantas vezes se repetiu em meus pesadelos, mais que a sequência o seu clima opressivo, substituindo em mim o pleno entendimento. Há um parque de diversões e é noite, luzes muitas mas que não eliminam a escuridão, música, pessoas atiram no *stand* de tiro, alguém acerta e ganha uma boneca de pano, a roda-gigante gira. Uma menina pequena segura a boneca junto ao peito, estende a outra mão, confiante, para a mão de um homem. Do homem, em quadro, só as calças e os sapatos. O homem caminha com a menina, se afasta com ela do parque de diversões. Os pés começam a pisar em grama. No parque, pessoas atiram bolas num *stand*, uma pilha de latas desaba com estrondo. O olhar da câmera agora está no campo, roda-gigante e luzes lá longe, as pernas do homem duas colunas pretas em silhueta. As pernas do homem se afastam devagar, o corpo do homem vai aparecendo à medida que ele caminha, está só. A câmera recua, busca o chão. Na grama escura, agigantada pelo primeiro plano, a boneca. A música do parque ecoa na distância.

Na noite daquele filme não choveu. O céu acima do cinema era tão estrelado como o das cenas, eu sentia a grama debaixo da mão, e as luzes da tela, as mesmas do parque e da roda-gigante, não impediam a escuridão.

Com o fim do verão migramos para Roma. Família de pássaros a nossa, mudando de ninho quando mudava o sol.

Mas assim se usava. Em Roma, Arduino foi posto no colégio interno, o São José, em Piazza di Spagna, que continua lá até hoje, agora só com um portão na fachada, dividindo o resto com butiques elegantes. Minha mãe foi morar em uma pensão divertida indicada por uma velha atriz amiga da família. E eu fui para o apartamento da minha avó e meu tio.

Piazza Lovatelli, Palazzo Lovatelli, terceiro andar. Móveis antigos e grandes em parte vindos da *villa* que havia sido do meu avô nas Termas de Caracalla, cortinas, um estremecer de tábuas sob os passos, economia de luz elétrica. Na casa da minha avó, cuidado constante e bom comportamento eram as regras. Eu usava um avental de mangas compridas por cima da roupa, trançava os cabelos ou os prendia numa rede, não fosse um único fio cair na comida.

Uma vez mais, fui estudar em casa da professora, ali perto, menos de dois quarteirões de distância. Ia sozinha, minha avó me acompanhando da janela, vigilância amorosa que sentia aderir às minhas costas até chegar à última esquina. Então eu me voltava, acenava para ela, e desaparecia aos seus olhos na pequena praça onde a professora morava. Um percurso de afeto repetido todos os dias, sem riscos, sem trânsito, sem ruídos. Roma, ainda uma cidade de perfil provinciano, acordava da guerra lentamente.

Aos domingos de manhã cedo, eu ia a pé com o nosso garçom buscar Arduino no colégio. Era deliciosamente longe. Atravessávamos praças, percorríamos ruas, passávamos por fontes, nada era previsível embora fizéssemos sempre o mesmo percurso, o centro histórico de Roma é todo irregular, um dédalo em que orientar-se parece um privilégio. E toda a caminhada era aquecida por uma ânsia alegre, urgência de reencontrar meu melhor companheiro de brincadeiras e conversas, meu mais completo cúmplice.

Minha avó mandava preparar molhos especiais, e massa feita em casa com uma maquininha manual que era o auge da modernidade. A massa sempre pareceu a mim e a meu irmão pior que a industrial, e não gostávamos dos molhos, mas nunca o dissemos. E de tarde nossa mãe vinha para nos levar ao cinema. Abbot e Costello, filmes de *cowboy*, Doroty Lamour de sarongue com um vulcão fumegante ao fundo, e, suprema alegria, Tarzan. Depois, um doce, no inverno não existia sorvete, considerado um acúmulo de frio e morte certa. No caminho, em cada esquina, ambulantes vendiam produtos americanos, meias, cigarros, chocolates, dropes e chicletes, muito chiclete. Escurecia cedo, era sempre noite quando saíamos do cinema, e apesar da previsão do doce eu sentia um peso de tristeza, porque sabia que meu dia com Arduino estava chegando ao fim. Mais tarde iria, pelos mesmos ou por outros caminhos, devolvê-lo.

E porque ele estava sob a severa guarda dos padres, só eu fui com meu tio à opera ver *Cavalleria Rusticana* na matinê durante a semana. Sem a luz verde que havia me impressionado na *Turandot*, sem orientais e cimitarra, o impacto resultou infinitamente menor. Curtida pela primeira experiência, me entreguei a essa sem igual abandono. Era o despontar de uma postura crítica. Mas gostei, e elogiei os figurinos, embora meu tio dissesse depois com desprezo que pareciam feitos com cortinas velhas — comentário que eu haveria de lembrar quando visse *...E o vento levou*.

Ao fim da apresentação, porém, uma revelação me esperava. Para cumprimentar o elenco entramos por uma porta lateral, subimos uma escadinha penumbrosa, e de repente me vi saindo de trás de uma coxia, na parte mágica do teatro, na sua carne. Meu tio atravessou o palco com displicência, acostumado que estava. Levava pela mão uma menina que acabava de ver o outro lado da Lua.

Depois de tantos anos de sacrifícios, voltava imperioso o desejo de moda e diversão. Veniero foi chamado para decorar um local noturno, de nome Boite. Levou-me para ver as obras no mesmo dia em que me deu um gatinho siamês de presente. Descia-se uma escada em caracol, e lá embaixo entre sofazinhos capitonês e mesinhas de vidro, borboletas amarelas pareciam voar prisioneiras em grandes campânulas transparentes. Tudo me pareceu surpreendente: que o local tivesse nome de caixa, que as pessoas se divertissem num porão e que borboletas voassem no escuro. Para o gatinho, mais surpreendente foi andar sobre o tampo de vidro de uma das mesas.

Com o uso de tecido não sendo mais ato de lesa-pátria, as bainhas desceram vertiginosamente, só parando a 24 centímetros do chão. E de Paris, não mais inimiga e novamente eleita capital da moda, as ordens do *new look* de Dior chegaram claras e imperiosas: cinturas finas, *tailleurs* com *basque*, saias rodadas. Quanto mais rodadas, melhor. Só para a saia de um vestido de baile de Dior, fotografado em 1947, foram utilizados mais de 60 metros de gaze plissada. As suéteres, agora que a lã não era mais necessária para fazer *passamontagna*, ganharam generosas mangas-morcego. Afirmava-se a abundância antes mesmo de ela chegar. E de nada adiantaram os apelos das autoridades para que consumidoras e criadores contivessem seus ímpetos.

Com o desejo de luxo, voltaram as joias. Minha mãe havia trazido da África algumas pedras preciosas coloridas. Mandou fazer um broche e um anel. Mas o ouro continuava sendo um sonho inalcançável. Quando, no Brasil, herdeira da minha mãe, tentei usar o anel, me surpreendi com o dedo rodeado de azinhavre. O metal acessível, que havia se comportado bem no frio da Itália, sob o calor úmido dos trópicos, entregava sua verde identidade. Está na minha mão enquanto escrevo, refeito em prata com um filete de ouro, cópia idêntica do original. E a pedra cintila aos meus olhos cheia de lembranças, mais rica do que cintilou na África aos olhos da minha mãe.

Moviam-se as entranhas sociais do país buscando substituir as sedimentações detonadas. Antigas camadas cediam, novas placas afloravam. Nomes que por tradição e posses nunca haviam sido associados ao trabalho surgiam agora ligados a empresas ou a representações, enquanto nomes antes desconhecidos cintilavam montados em fortunas feitas do dia para a noite. Sucesso do momento era um programa radiofônico que eu ouvia duplamente, primeiro no rádio, e depois nas citações hílares dos adultos, que repetiam suas frases e bordões. Com inconfundível sotaque milanês, uma personagem feminina satirizava em longas conversas telefônicas o deslumbramento dos novos-ricos, sua vulgaridade, sua falta de escrúpulos. A Itália olhava para o Norte e ria, não sem amargura.

Mas, com a mesma força com que comandava um jogo econômico nem sempre limpo, Milão se empenhava na reconstrução. É histórico o concerto que naquele ano de 1946 trouxe de volta à Itália Arturo Toscanini, reinaugurando o Teatro alla Scala, que havia sido grandemente danificado pelos bombardeios aliados.

Camelos e *Grande Hotel*

Meu tio Veniero havia passado os últimos anos amargando uma sensível falta de trabalho. Cinecittà estivera fechada por longo tempo, primeiro atingida pelas bombas, depois em reconstrução. O teatro mais se arrastava do que acontecia. Só as suas aulas na Faculdade de Arquitetura na Universidade de Roma se mantinham inalteradas, embora mal pagas. E ele desenhou estampas para uma indústria de tecidos, criou desenhos para lenços de seda, tentou inutilmente escrever histórias infantis. Afinal, um cavalo encilhado parou na sua porta: com Cinecittà voltando a funcionar, foi chamado para fazer os figurinos de um filme de época, passado em terras da Arábia.

No clima de entusiasmo doméstico que se seguiu a esse convite, e para compensar os tempos de vacas magras, uma coisa absolutamente inesperada e sem precedentes aconteceu: minha avó, tão elegante, decidiu empreitar a confecção dos figurinos. Uma nova guerra, essa prazerosa e destinada à vitória, eclodiu.

Alguns dos pesados móveis foram afastados, chegaram máquinas de costura, vieram costureiras, rolos e peças e fardos de tecidos invadiram cômodos antes impecavelmente arrumados, e tudo foi movimento e tesouras e fitas métricas. Duas tarefas me cabiam em meio àquele, para mim, paraíso: modelar todos os trajes infantis, e recolher do chão com um ímã os alfinetes caídos.

"Marina!" chamavam, e lá ia eu para cima de uma mesa, provar uma pequena *djelaba*, uma calça bufante, um colete, um camisão. "Roda!", ordenavam, e eu girava lentamente, para que se verificassem bainhas, caimentos, exatidão. "Levanta o braço", e eu o levantava, cheia de orgulho pelo meu papel, pronta a gritar se um alfinete ou uma ponta de tesoura me aflorassem.

Pela primeira vez, me sentia necessária. Antes tão sozinha naquele apartamento escuro e silencioso, tomada às vezes por crises de melancolia quando às seis horas os sinos das igrejas tocavam o ângelus e a última luz se despedia do dia, tinha agora pessoas com quem falar ou a quem ouvir, e luz, e agitação. E tinha retalhos. Uma infinidade de retalhos coloridos, cintilantes, listrados, estampados, lisos, retalhos para fazer enxovais inteiros de bonecas, não só, mas para brincar de roupa comigo mesma. Retalhos que eu utilizava para imitar em miniatura aqueles mesmos trajes que experimentava e que via fazer.

À noite, quando as costureiras iam embora — na Itália a jornada de trabalho acaba às oito horas — o silêncio voltava ao apartamento. Mas não a velha ordem. Varria-se o chão, dobravam-se tecidos esparsos, porém as peças continuavam empilhadas contra alguma parede, trajes incompletos encobriam até o dia seguinte o encosto de uma poltrona ou o braço de um sofá, por toda parte havia um cintilar de falsas sedas, um palpitar de gazes, e cores gritantes que nunca haviam frequentado aquela decoração rica e austera permitiam-se dominar os castanhos das sombras.

Foram semanas de plenitude. Minha avó estava exausta, meu tio constantemente tenso desenhava mais e mais figurinos, lutava-se contra o tempo, a quantidade de trajes a entregar era brutal. Mas eu, que não tinha contrato, não tinha compromisso, nada a ganhar ou a perder, me deixava levar sorridente naquela onda palpitante de confusão.

Aos poucos, venceu-se o ponto crítico. Decresceu a tensão, alongaram-se as conversas, as peças de tecido começaram a acabar. Depois diminuiu o número de costureiras. E se foram as máquinas, os móveis que haviam sido afastados voltaram ao lugar, os últimos trajes desapareceram. Durante alguns dias ainda catamos fiapos de tecido por toda parte, restos de linha que teimavam em grudar nas roupas. Por fim nem isso, silêncio e penumbra recuperaram seu domínio. Como um barco que regressa depois da tempestade, o apartamento lançou âncora nos antigos hábitos.

Sem que eu o soubesse, porém, um prêmio a mais me aguardava.

Todas as manhãs a campainha da porta tocava, o garçom vinha avisar: "Arquiteto, o carro da produção chegou", e lá ia meu tio ao encontro daqueles árabes todos que havíamos vestido. Uma rotina. Que foi quebrada na noite em que Veniero me comunicou: "Amanhã você vem comigo, vou te levar para Cinecittà." Na manhã seguinte eu estava pronta muito antes de o carro da produção chegar.

Pousado sobre grama, o estúdio era uma espécie de enorme galpão fechado, sem janelas, longas paredes brancas na luz clara. Entramos por uma porta estreita. Como para Alice despencando no poço, o mundo subitamente foi outro. E tinha dois lados, verso e reverso.

O que primeiro nos recebeu apresentava-se irregular, um mundo de madeira, altas estruturas, traves e suportes aparentes, no osso, bojo de barco ou ventre de baleia. A luz flutuava densa e parecia poeira, como uma mesma cor deitada sobre tudo, igualando chão e pessoas. Cabos, cordas, fiações serpenteavam ou jaziam enrolados, animais no seu *habitat*. Em meio a esse madeirame meu tio avançava com segurança, cumprimentando pessoas, desviando-se de um ou outro obstáculo, indicando-me onde botar os pés. Sem que eu soubesse, estava me conduzindo para o outro lado, para o reverso.

E o reverso era uma praça. O reverso era branco e claro e organizado, cercado de arcadas. Gerânios floresciam nos potes, e a um canto uma palmeira não crescia porque era falsa, mas parecia crescer. Ali se filmaria a cena do dia, o mercado persa. Nem tudo estava arrumado ainda, eu podia andar e ver cada coisa. Dois camelos passaram por mim puxados por um rapaz, um deles emitiu um som estranho, temi que me vomitasse em cima. Debaixo das arcadas, na loja dos perfumes, vidros de todos os tamanhos, estampados de dourado, enchiam as prateleiras, havia tapetes enrolados e abertos diante da entrada do tapeceiro, narguilés e potes de latão e bandejas de cobre diante do café, babuchas e sandálias na loja do sapateiro, e tecidos, e frutas, e comidas. Nada era para vender, nada era para usar, nada tinha ali sua função real, e tudo era tão verdadeiro. Na loja dos animais, um grande gato persa me encarou longamente através das grades douradas da sua gaiola.

Os figurantes — de quem eu reconhecia as roupas — esperavam. Um árabe de turbante sentado no chão comia sanduíche de mortadela, outros jogavam cartas, duas mocinhas de véu erguido sobre o rosto fumavam, crianças vestidas com as roupas que eu própria havia modelado atravessavam correndo o cenário, dois malabaristas conversavam animadamente, um cego lia, vários cochilavam, e todos, os que tentavam se ocupar e os que nada faziam, esperavam a mesma ordem.

Quando a ordem foi dada, "Luz!", ouvi um estalo e o sol brilhou intensíssimo, as arcadas brancas pareceram acender-se de dentro para fora, as folhas da palmeira cintilaram como se vivas. "Som", foi gritado, e todas as cigarras e todos os grilos e alguns pássaros daquela praça persa ensolarada despertaram para cantar, e as vozes humanas teceram sua rede. "Ação", gritou-se. E tudo começou a mover-se, os malabaristas atiraram seus aros para o alto, as moças veladas entraram na loja dos animais, o tapeceiro desenrolou tapetes, pessoas compravam, pessoas vendiam, o cego esmolava, o doceiro fritava doces, um homem levava três galgos na coleira. Uma alegria intensa, um formigamento de vida percorria a praça. Os dois camelos passaram soberanos levados pelo rapaz. "Corta", ouviu-se subitamente. Um estalo, e apagou-se o sol, emudeceram as cigarras, desceram os aros, o cego viu, a fritura parou, ninguém comprou mais nada nem vendeu, os corpos afrouxaram a postura voltando ao seu próprio jeito, escorregando para o chão, encostando-se, procurando debaixo da roupa o maço de cigarros. E não havia ali nenhum árabe mais, só romanos populares vestidos de árabes.

A cozinha da minha avó era grande e luminosa, precedida por uma copa escura e sem uso. Ou melhor, havia um uso para ela, a geladeira de madeira, usada apenas por ocasião de jantares mais importantes, quando se encomendava a barra de gelo que a alimentaria. As geladeiras elétricas ainda não faziam parte da vida domestica, os gêneros eram comprados dia a dia, a manteiga conservava-se debaixo de um filete constante de água fria em uma das pias. Aquela cozinha tinha para mim três pontos de atração: a cozinheira, a comida, e *Grande Hotel*.

A cozinheira chamava-se Giuseppina, era napolitana, prendia em coque os cabelos nunca cortados, trabalhou para a minha família a vida inteira. À noite, sentava-se em um tamborete junto à minha avó, listando para ela, que os anotava em um caderno, todos os gastos do dia. Era analfabeta. Eu passava longo tempo conversando com ela na cozinha, observando seus gestos, inconscientemente aprendendo a manejar facas e temperos. Quando mocinha havia trabalhado em fábrica de tomates em lata, gostava de me contar como nas primeiras semanas tirando as cascas dos tomates ferventes suas mãos inchavam, cobertas de bolhas, e em casa a mãe as espalmava de azeite e envolvia em panos, sem que cessasse a dor ou conseguisse dormir.

Não creio que a fábrica em que Giuseppina trabalhou fosse a Cirio, gigante italiano dos tomates em lata transformado mais tarde em conglomerado com ramificações no Brasil. Eu lembraria se tivesse dito o nome. Na Cirio, antes da guerra, as mãos das moças também se cobriam de bolhas, e os tempos de trabalho era tão apertados que não dava sequer para as operárias irem ao banheiro. Trocando de roupa ao chegar, metiam as calcinhas no bolso do avental, e quando indispensável urinavam de pé, sem sair do lugar, sem interromper sua atividade. Ao fim do dia jogava-se serragem, e lavava-se o chão.

Vida de operária não era muito melhor em outras empresas. Assim mesmo, Giuseppina gostava do trabalho na fábrica, do clima de camaradagem. "Cantávamos o dia inteiro", me disse, "era alegre." Só havia saído porque, convidada a trabalhar como doméstica ganhando bem mais, se encantara para sempre com a vida em casa de "gente fina".

A conversa dela era fácil e amorosa. Eu a revivi muitos anos depois de a minha avó já ter morrido, no dia em que, viajando para a Alemanha com algumas horas de espera no aeroporto de Roma, me meti num táxi e fui até em casa. Meu tio estava na Áustria a trabalho, mas Giuseppina havia preparado para mim seu molho mais napolitano, aquele que levava toda a manhã cozinhando e exalando perfume. Sentamos as duas à mesa da copa — outra copa, outra casa —, comemos *pasta*, tomamos vinho, e conversamos do presente e do passado com a mesma serena intimidade que nos acolhia na antiga cozinha clara.

Naquela cozinha fui apresentada à margarina, e não gostei. Era grande novidade para nós, usada pelas tropas americanas em lugar da manteiga — pouco conveniente para utilização no *front* porque azedava. Mas era ruim, mesmo passando bem pouca só para tapar os buraquinhos do pão deixava na boca um sabor frio de gordura, não de leite, não de nada que tivesse estado vivo. Assim mesmo, usou-se em casa para cozinhar enquanto o abastecimento de gêneros não esteve completo, e depois ainda um pouco, pela modernidade. E naquela cozinha fui apresentada a outra solução americana para alimentar seus soldados, o ovo em pó. Guardado debaixo de chave pela minha avó, era bom. Não dava para fazer ovo frito, obviamente, mas servia para bolos, comidas salgadas, e com um pouco de boa vontade enganava em um omelete. Tinha cara de leite em pó, só que amarelo pálido. Nunca mais ouvi falar nele, o que é uma pena porque era prático para estocar, para viajar, para emergências, e tinha uma vantagem suplementar: não quebrava.

Naquela cozinha não aprendi a cozinhar. Eu era criança, só me ensinaram a fazer molho *béchamel*. Mas, no seu ir e vir entre panelas, Giuseppina e minha avó me transmitiram o mais importante, que cozinhar pode ser um prazer refinado.

E havia *Grande Hotel*. Jamais teria alcançado essa revista se não viesse embrulhando os ovos. Mas vinha. Uma dúzia de ovos, duas ou três páginas para garantir sua proteção. E, porque não era tempo de geladeira, ficavam embrulhados no guarda-comida até o momento do uso. Que podia significar apenas algumas horas ou mais de um dia, prazo suficiente para encontrar a cozinha vazia depois do almoço, na hora em que os adultos tiravam seu cochilo, abrir cuidadosamente o embrulho, espalmar as folhas sobre a mesa, e deixar-me seduzir.

Era uma revista de sedução. Contava, em quadrinhos, histórias de folhetim com paixões avassaladoras e cheias de impedimentos, e as contava em desenhos estupendos, de uma sensualidade que prenunciava os Manara do futuro. Nunca a realidade gerou mulheres tão polpudas como aquelas, vestidos tão aderentes, decotes tão generosos, nunca ninguém conheceu homens de tal virilidade.

Era impensável que eu lesse semelhante revista, mas ninguém em casa se havia dado conta dos ovos. O problema é que, arriscando-me, infringindo regras, ainda assim não conseguia verdadeiramente ler e muito menos acompanhar qualquer daquelas histórias. As duas folhas — ou, quando eu dava mais sorte, três — nem sempre eram as dos desenhos, e nem sempre eram seguidas. Pior, nem sempre os ovos vinham embrulhados em *Grande Hotel*.

A revista passou depois por uma fase em que usava como modelos de seus desenhos os rostos de atores e atrizes famosos — lembro de Sofia Loren, ainda mais dotada que o original, e de Robert Taylor com seu inconfundível perfil. Aos poucos, porém, aderindo aos novos tempos, foi abandonando os desenhos até trocá-los por fotonovelas. Sempre as achei paupérrimas se comparadas à antiga criatividade. Mas tive que sorrir, lembrando a cozinha da minha avó, quando Manfredo, que no Brasil havia-se tornado ator, interpretou uma delas.

Manfredo ainda estava em Roma na tarde em que subi na janela. Cozinha vazia, cada qual descansando no seu quarto, eu buscava algo para comer fora de hora, ou folhas de *Grande Hotel* para ler. Mas abaixo, na praça pequena apertada entre antigos prédios, as crianças da escola pública estavam no recreio, e seus chamados, seus gritinhos me chegavam no silêncio da casa. A janela era alta. Empurrei a cadeira até debaixo dela, subi no assento, apoiei as mãos no peitoril, me ergui. Não sentei, me ajoelhei olhando debruçada, sempre com as mãos firmes no rebordo de madeira. Lá embaixo as crianças de avental preto com o recorte da grande gola branca e o laço azul, corriam brincando de pique, soltando gritos agudos ao escapar umas das outras. Quantas vezes, na literatura italiana, se compararam as crianças no uniforme da escola primária às andorinhas. Mas eu não via andorinhas, via meninos e meninas que se divertiam, que brincavam juntos ao ar livre e gritavam alto, coisas que não me eram permitidas, não com aquela liberdade, não naquelas circunstâncias. Olhava desejando que demorasse a tocar a sineta que as chamaria de volta, para podermos ficar ali mais um pouco, elas na praça, eu desapercebida no alto.

Alguém entrou na cozinha, não sei quem, não ouvi nem me dei conta. Alertado, meu pai entrou em seguida. Não me chamou, temendo me assustar. Avançou devagar, tão silencioso, que só soube da sua presença quando me agarrou e lentamente me baixou da janela, sem ralhar. Daquele fato assustador para a família não guardei o sentimento de risco, de evitada tragédia. Conservo, em seu lugar, o prazer morno do sol que me tomava inteira respingando nas crianças lá embaixo, o som daqueles chamados, e o desejo fundo e melancólico com que as olhava, alegres na perseguição sem tomar conhecimento de mim.

Nos cabelos, uma pena

Voltando a Porto San Giorgio para o verão, não renovamos o contrato com a mãe de Peppino. As paredes do Albergo Vittoria haviam recuperado sua verde uniformidade, nada nos canteiros da Piazza Mentana lembrava as anteriores crateras. Ocupamos os mesmos quartos do primeiro andar que já pareciam nos pertencer, e minha mãe forrou as paredes ao redor da sua cama com um alegre tecido listrado, sobra daquele que havia servido para tantas *djelabas*.

Nos fundos, o hotel dava para uma espécie de quintal, nem bem um quintal, um pátio ou *cortile* cimentado, cercado de altos muros, com um portão metálico, uma parte coberta que servia de depósito, uma parreira esquelética ao lado do portão e um tanque de lavar roupa junto à porta da cozinha. No tanque, a empregadinha do hotel gastava as mãos comidas pela água sanitária, mas se consolava olhando os dois decalques que havia colado pouco acima, uma cesta de flores e um buquê de rosas.

As rosas estavam ali, mínimas, recônditas, quase secretas, iluminando o *cortile* cheio de patos, em que eu era nobre. De imaginários olhos azuis e cabelos pretos, ou de olhos verdes e cabelos vermelhos. Nunca loura, e sempre de olhos claros, que eu viria a ter com o tempo mas que, por um capricho da natureza, ainda não tinha. Com essas mesmas variantes de cor, podia ser princesa ou príncipe, intercambiando papel com a neta do dono do hotel, minha amiga Anna, rechonchuda, filha única que escolhia invariavelmente uma imagem delgada e loura, logo ela, para sempre morena.

Ser princesa entre patos, com seu grasnado e seu cheiro — apropriados talvez para Cinderela —, era mais difícil do que entre as mesas vestidas de toalhas brancas. Às vezes, no horário morto fora das refeições, brincávamos no salão de jantar onde uma certa elegância castelã fazia-se possível no ritmo das mesas enfileiradas, na luz refletida pelas toalhas brancas, pelo brilho de louças, copos e talheres.

Foram muitos anos de amizade com Anna. Eu a admirava pela estabilidade monótona da sua vida, pela nua modernidade do apartamento que a mãe professora primária mantinha sempre impecavelmente arrumado. Pela *madia* pequena na cozinha regulada por um relógio de parede. A *madia* é um móvel, talvez seja mais apropriado dizer era, utilizado nas casas populares para guardar farinha de trigo em quantidade — saquinhos de um quilo haveriam de parecer irrisórios àqueles comedores de pão e *pasta*. Uma espécie de cômoda sem gavetas, cuja tampa se abria e, revertida, transformava-se em mesa para trabalhar a massa. No ventre da *madia*, deitados sobre a farinha de que acabavam fazendo parte, o rolo, uma vassourinha, uma raspadeira. Anna tinha isso tudo em miniatura. Mas com farinha autêntica, podendo fazer comidas de verdade, como acreditamos fazer tantas vezes, sempre com precários resultados.

No *cortile* engarrafava-se o vinho que seria servido mais tarde à mesa em garrafas oficiais de litro, sem rótulo e sem rolha, vinho honesto como água da bica. Era uma cerimônia de precisão. Transferido para garrafas ordinárias o vinho de um dos tonéis empilhados no depósito, completava-se o que faltava no gargalo com um dedo de azeite, lacre infalível impedindo o contato com o ar. Por cima, em vez da rolha tão mais cara, um capuz de papel feito com dobraduras de *origami* completava a conservação.

De que maneira se tirava o azeite? Com um golpe rápido da mão, como se fosse entornar a garrafa, que jogava o azeite fora sem contaminar nem desperdiçar o vinho. Desejei adquirir aquela habilidade, mas nunca ninguém me entregou uma garrafa para tentar.

O grande fogão da cozinha do hotel era a carvão, havia outro a gás, o coador para recolher a *pasta* dos panelões de água fervente era de vime, no teto pendiam salsichas e salames e *coppe*, produção local que aproveitava a fumaça para adensar seus sabores. Só uma vez vi realizar o ritual da produção.

O porco chegou ao escurecer, deitado e imóvel, féretro na longa carroça de mão. Mas não era um porco inteiro, e sim a metade de um porco cortado ao comprido como se por uma serra. Com ele vieram os cavaletes e tábuas que foram montados na cozinha, os facões que foram alinhados sobre as tábuas, os homens que manejariam os facões. E teve início a carniçaria.

Aquilo que havia sido um animal foi esquartejado, cortado, retalhado, picado, moído, até que dele, da sua perdida identidade, não houvesse mais sinal, só as patas preservadas e esvaziadas para receberem enchimento. Durante dias e até tarde da noite, os golpes de facão contra as tábuas ecoaram como um chamado tribal. Mas aos poucos os salames e os festões de salsichas começaram a ornamentar o teto, os perfumes das especiarias encobriram o cheiro de carne morta. E quando os homens terminaram afinal sua tarefa tudo foi celebração e alegria. A partir da barbárie, a metamorfose imposta ao porco havia se tornado requinte.

Como me amou Touro Sentado! Por mim, Sole Ridente, única *squaw* da tribo, irmã do temível chefe Olhos de Águia, suspirou. Por mim, por seu desejo de impressionar-me levando para a sala de jantar do hotel seu arco e suas flechas de varetas de guarda-chuva, foi publicamente humilhado. Torcidas as suas armas diante de todos, estapeado pela mãe nas partes menos nobres, nunca mais recuperou o garbo guerreiro. Dali em diante foi apenas um índio a mais. Sem suspiros de amor.

Éramos índios peles-vermelhas como os distantes irmãos americanos de quem, graças aos livros de Salgari, tudo conhecíamos. Espetada nos cabelos, uma pena. E para obter o tom da pele, pelo menos no horário da praia, um artifício: molhar o corpo no mar, sair correndo até a quadra de tênis no outro quarteirão, rolar o corpo ainda úmido na terra vermelha que a conservação deixava amontoada do lado de fora.

Gostávamos mais dos Sioux, mas não tínhamos filiação. Éramos nossa própria nação, leves no passo — ah! quanto desejamos ter autênticos mocassins —, precisos no gesto, sempre atentos ao vento para que caça ou inimigo não percebessem nossa presença. Sabíamos como se cava um abrigo no tronco da sequoia gigante para escapar da neve e dos grandes ursos ou como se afunda a faca na pele do bisão para meter-se entre as vísceras e sobreviver ao incêndio da pradaria.

Sozinhos no quarto, o chefe e a *squaw* armavam a tenda de lençóis prendendo uma ponta na porta do armário, esticando a outra com a ajuda de um cinto. E, sentados no chão à sua sombra, falavam dos caçadores de peles, das trilhas nas grandes Montanhas Rochosas. A tribo se reunia em cantos discretos, fumava o cachimbo da paz simbólico, feito com um raminho, e deliberava.

Planejou-se uma ação corajosa, invadir o território das freiras.

Por território, entenda-se a colônia de férias instalada no início da *pineta*, a da direita, que quase não conhecíamos. Diziam-se coisas tenebrosas daquela *pineta*, para assustar as crianças e mantê-las afastadas. Com voz cavernosa comentavam-se poços de areia movediça que em passado não distante teriam tragado mais de uma pessoa, uma delas com seu cão. E falou-se de um homem estranho, um desconhecido que era visto às vezes vagando com ares suspeitos entre os pinheiros.

Quando o chefe da tribo detalhou a ação, eu soube que meu destino de *squaw* estava em jogo, era aceitar ou ser destituída.

Fomos até lá com nossas armas — eu não tinha nenhuma —, hesitamos por instantes diante da cerca de arame farpado. Ouviam-se ao longe, mas nem tanto, os chamados, os gritinhos, as risadas das meninas que brincavam. Haveria freiras por perto. Decidiu-se que os guerreiros rastejariam tentando alcançar posições avançadas, enquanto eu, a protegida do chefe, ficaria de guarda na guarita vazia, perto da cerca.

A porta não estava trancada. Que cheiro bom de sal e de madeira, quase de barco, me acolheu. Acocorada para manter-me oculta ao inimigo, tentava inutilmente adivinhar pelos sons o avanço da tribo. Erguia-me de vez em quando disposta a desempenhar minha tarefa, espiava através dos vidros foscos de maresia, nada via que chamasse a atenção, voltava à minha posição de encolha. Mas, quando os guerreiros em debandada passaram aos lados da guarita tocados pelo alerta das freiras, saí correndo sem fechar a porta.

Da segunda grande ação não participei nem houve insistência para que o fizesse. Fiquei brincando sozinha de comidinhas, enquanto os meninos partiam para um enfrentamento com outros meninos, a pedradas. Nenhum voltou ferido. Arduino, orgulhoso de sua atuação de liderança, e certamente lembrando o passado guerreiro do pai, escreveu-lhe alguns dias mais tarde: "*...Giochiamo agli indiani da qualche giorno e io sono il loro capo; abbiamo sconfitto una tribù nemica composta da ventiquattro ragazzi mentre noi siamo solo otto.*" (Brincamos de índios há alguns dias e eu sou o seu chefe; derrotamos uma tribo inimiga composta de vinte e quatro garotos enquanto nós somos apenas oito.)

Não era a luz que me acordava de manhã, muito menos o relógio, era o formigar de vozes e passos perto da janela, romaria em direção à praia, anunciando mais um dia de sol e mar. O maiô de malha de lã, úmido ainda do dia anterior, ajudava a acordar o corpo. Nem sempre, porém, o vestíamos no hotel.

A roupa de banho vestia-se também no *casotto*. Ainda se usam na Itália essas casinholas de madeira, que a cada ano são montadas no alto das praias a tempo de receber o verão e que se alugam por temporada, todas iguais, enfileiradas, interligadas por passarelas de tábuas para que não se queimem os pés na areia quente. Trancadas a chave, guardam as boias, os chapéus, as toalhas, baldinhos e pazinhas das crianças, a parafernália toda que não se quer levar e trazer diariamente. Havia pregos para pendurar as roupas, e frequentemente furos disfarçados permitiam aos de fora olhar as mulheres se trocando. Lá dentro fermentava um calor abafado e um pouco úmido cheirando a sal, como fantasio que ocorra no interior de uma concha grande esquecida ao sol. E como numa concha eu me sentia ali protegida e ignorada, ouvindo as vozes filtradas pela madeira, pressentindo o espaço externo devassado de luz. No *casotto* tudo era penumbra.

O que se havia perdido na reconstrução da Lega Navale, me pergunto agora, enquanto nos revejo molhados, entrando e saindo dos chuveiros, mandando botar na conta da mãe a bebida pedida no bar? Refeita como antes e, no entanto, outra. Ou seríamos nós, grandes e pequenos, que já não éramos os mesmos? Um modo de viver, uma certa ilusão de elegância haviam ficado na areia junto com os remanescentes dos escombros, aqueles mesmos remanescentes sobre os quais se escoravam as novas fundações. E felizes estávamos todos por elas terem sido plantadas, desejosos de esquecer o que lhes servia de lastro.

Do lado oposto e um tanto mais adiante no *lungomare*, o Grand Hotel continuava como o canhoneio vindo do mar o havia deixado. Inteiro ou quase, e morto. Três andares majestosos adernados sem que estivessem prestes a afundar, a parte destelhada entregando-se à chuva, a outra conservando nas sombras um interior depredado, poeira e entulho, abrigo de animais que travavam sua própria guerra. Da antiga opulência falavam a mole da fachada cor de sangue, as delicadas cornijas das janelas. Tanques aliados haviam feito estacionamento da grande esplanada onde antes se tomava chá sob a pérgula e se jantava à noite aspirando o cheiro do mar e das flores. Peso excessivo para as lajes, que agora se erguiam como *icebergs*, enormes lascas de cimento apontando ao céu. Ninguém havia se interessado por aquela ruína, recuperá-la não devia ser um bom negócio. Quando fosse comprada, seria para vir abaixo e ceder lugar a prédios modernos.

Minha mãe alugou o barco de um velho pescador, Caetano. Lembro o nome como lembro a vela triangular e alaranjada, de uma lona que a tinta artesanal tornava ainda mais áspera — finda a guerra, houve até uma vela pintada com um enorme Mickey Mouse, mas não era aquela. Durante alguns dias nos fizemos ao largo, Caetano ao leme. Navegávamos por um tempo, depois parávamos onde não havia ninguém e da praia se via uma lista clara e distante. Então mergulhávamos e nadávamos, mais livres porque rodeados de silêncio.

Duas vezes fomos sozinhas, minha mãe e eu, sem Arduino. Ao largo, Caetano recolheu a vela, lançou âncora, e sentando na proa voltou-se de costas. Minha mãe queria queimar-se sem sutiã. O mar, imóvel, ainda assim ninava o barco. Tão sedutora a água. Mas eu sozinha não me atrevia a mergulhar. Sentada onde encontrasse alguma sombra abraçava as pernas e esperava em silêncio, sem pressa e sem prazer, cuidando de não interromper a imobilidade da minha mãe, reverente.

Naqueles barcos, diziam os pescadores, quase se atravessava o Mar Adriático. À noite, contavam ainda, podiam-se ver as luzes na costa iugoslava.

Minas ainda explodiam de vez em quando. Ouvia-se um ronco surdo e longínquo, via-se lá longe levantar-se uma coluna de fumaça, foi um golfinho, diziam, foi um peixe ou o próprio mar. Onde estariam as minas, eu me perguntava. Soltas, à deriva? E os barcos dos pescadores, como faziam para evitá-las? Será que minas são visíveis à noite?

Mas não era das minas meu medo maior. Era dos afogados. A cada verão alguém se afogava. Ouviam-se gritos repentinos na praia, as pessoas corriam. Ou nada se ouvia, e a morte passava depois de boca em boca, abafada. Como se morre em mar tão límpido? Uma cãibra, um mal-estar, um ataque, era o que circulava. Um jovem ou uma moça até então saudáveis saíam nadando sozinhos naquela imobilidade transparente ou mergulhavam de um *moscone*, e se viam subitamente agarrados pelo espasmo, afundando indefesos no enorme esquife de cristal. Eu olhava a água e temia.

Boccabianca, o solar dos Vinci, tinha muito mais cômodos do que se pudessem utilizar. Era assim com as antigas *ville* renascentistas, alas inteiras sem uso, quartos e salas fechados, corredores mudos. Brincamos tanto naquela *villa*, Arduino, Boni e eu, e nunca nos embrenhamos nas entranhas, nunca descemos aos porões ou subimos aos sótãos, nunca descobrimos quartos secretos. A vida não é um filme de Visconti. O que tínhamos nos bastava.

E o que tínhamos era a *nursery* clara, nossa *villa* dento da *villa*, com os quartos de dormir, o banheiro e o grande quarto de brincar, de móveis pequenos como os dos sete anões, laqueados de branco, que o piso de linóleo refletia, branco ele também. Limpeza e organização, assim se educavam as crianças. Mas naquele ambiente acolhedor, embora um tanto hospitalar, reinava o medo. O nome do medo era Sonnina.

Não era má, Sonnina, como descobrimos muito mais tarde. Era severa porque considerava fosse seu dever de governanta. E exagerava um tanto no dever. Todo o nosso esforço de resistência concentrava-se em driblar seu olhar, ser mais silenciosos que seu ouvido, mais rápidos que seus passos. Éramos caça espreitando o caçador. E contabilizamos muitos sucessos.

Ao final da tarde, depois do banho, cabelo molhado, pijama e robe, íamos à biblioteca dar boa-noite aos pais. Largos, aqueles corredores. E tão espessas as paredes, que em vez de uma porta dando para os cômodos, havia duas — no espaço entre as duas portas, que magnífico esconderijo se podia obter. Íamos em procissão, ritual diário repetido sempre da mesma maneira, os três mais ela, saindo da *nursery* e caminhando como quem vai a outra casa. E outra casa parecia.

Era sempre mais quente a biblioteca, mais iluminada e mais ruidosa do que os penumbrosos corredores que acabávamos de percorrer. Os pais não estavam sozinhos, havia amigos, vozes, presenças. Na grande sala forrada de livros e *boiseries*, a mesa de jogo estava aberta a um canto, os maços de cartas sobre o pano verde, um cinzeiro esquecido. E aqueles adultos de copo e cigarro na mão, afundados nos sofás de couro, continuavam suas conversas sem dar muita atenção à nossa chegada. Andreola, de piteira, erguia o queixo apenas proeminente e nos chamava, nos olhava nos olhos, fazia algum comentário. Depois, com um beijo na testa, dava por concluída a sua parte, o bassê favorito podia novamente subir no seu colo. Faltava ainda abraçar nossa mãe, boa-noite, beijo, e já a caminho da porta colher no ar um aceno de Zeno, uma brincadeira de Giulio.

Talvez não fosse a hora mais adequada para a cerimônia filial. Nós nos preparávamos para dormir, prontos para encerrar o dia, eles estavam dando início à segunda parte, depois de um almoço tardio e uma parada para descanso. Continuariam até de madrugada, alguns sentariam à mesa de jogo, a conversa iria noite adentro regada a Vat 69, o uísque preferido pelos ingleses do exército de ocupação e o melhor do mercado negro. Um quadro chegou a enfeitar por um tempo o quarto de hotel da minha mãe, natureza-morta com a garrafa escura de Vat, uma faca e uma fatia de limão. Não era um bom quadro, era um ótimo uísque.

Guardo uma foto desse grupo de amigos, que sempre me enternece. Eram jovens então, e há muitos anos nenhum está vivo. São oito, sentados de perfil junto ao rebordo da janela — enormes, as janelas da biblioteca. Ali vejo Lisetta, Giulio, Andreola, e os outros cujo nome não lembro. Manfredo, mais uma vez, não estava, Zeno deve ter sido o fotógrafo. Ao fundo, as árvores do parque. Percebe-se pela luz que era fim de tarde, os rostos se destacam iluminados por um sol baixo. Um sol que naquele momento eles olhavam de frente como olhavam a vida, confiantes. A guerra havia acabado, o tempo por vir só poderia ser melhor que o passado.

Na cozinha de Boccabianca, cozinha que sem desdouro poderia ter recebido Leonardo da Vinci com suas receitas, conheci a couve-flor. Tantas eu havia visto antes e acolhido no prato, tantas haviam feito parte do meu cotidiano em Como, sem que nenhuma me dissesse de si. Mas naquela cozinha, fresca no verão porque toda de mármores e azulejos, uma couve-flor havia sido trazida da horta e pousada sobre a mesa. Terá sido sua intocada perfeição que chamou o meu olhar? Ou a palpitação de vida que ainda conservava? Lentamente, como se a acariciasse, observei estupefata o modular de altos e baixos com que as mínimas cúpulas se interligavam, irmãs umas da outras numa ordem que não admitia erro, mais que flor, arquitetura. Não era branca, verde não era embora das folhas algum verde deslizasse, eu a via apenas mais densa que o ar, como se feita de um condensar de ar e água. E era criança demais para me socorrer com a palavra jade.

Chegávamos sempre constrangidos ao aniversário de Boni, acontecimento infalível das nossas férias. Apesar da intimidade com o aniversariante, um sentimento de inadequação ou de risco nos tomava ao enfrentar a rápida entrega do presente, que era recebido com igual desconforto. Vencido o primeiro obstáculo, Arduino e eu procedíamos devagar, escudados um no outro, em direção às crianças como nós arrumadas e engomadas, mas que não conhecíamos.

A festa, obedecendo às normas do verão, acontecia ao ar livre. As mesas redondas com toalhas de organdi, onde depois comeríamos bolo e tomaríamos chocolate quente nas chávenas de porcelana, eram armadas à sombra das árvores, na ampla esplanada ao lado da *villa*. O jardim, a fonte redonda para mim grande como um lago, e a fachada da antiga capela completavam o *décor*. E o nosso constrangimento cedia à medida que se desembrulhavam os presentes.

Havia sempre quem lhe desse um barco, talvez por ser verão, talvez por estarmos perto do mar. Esguio veleiro branco de pesada quilha ou barco a motor, era logo testado na fonte. E, fosse atraído pela água que gotejava da delicada escultura central, fosse empurrado pela brisa da tarde, o barco teimava em afastar-se das beiradas onde podíamos alcançá-lo, e ameaçava adernar longe dos nossos braços estendidos. Então ia-se correndo buscar uma vara e, entre gritos de excitação e respingos da água esverdeada, procedia-se à operação de resgate.

Dela saíamos suados porém companheiros, as roupas manchadas de limo, os sapatinhos encharcados, e podíamos enfim nos desfazer do bom comportamento, e brincar alegres pelo resto da tarde.

O bom comportamento também foi esquecido na tarde em que, com Boni, nos juntamos ao filho do capataz. Hospedados em Boccabianca havia alguns dias, esgotado nosso repertório de jogos e brincadeiras, o sol nos chamava lá fora, Sonnina nos mantinha dentro da *villa* para escapar ao calor. Nossa manobra foi progressiva e sutil, feita de pequenos truques que afinal conseguiram vencer a vigilância, e abrir caminho para a fuga até o jardim.

Mas no jardim seríamos facilmente recapturados. Passamos esquivos pelo terreno de criação dos cães, latiram, nos afastamos rapidamente buscando a proteção das sombras e dos troncos, deixamos para trás canteiros e flores, chegamos enfim ao espaço aberto.

Do jardim para os campos, quanta liberdade! Andamos muito aquela tarde, o trigo já havia sido cortado, caminhamos sobre a terra quente de sol, os restolhos espetando os pés pelas frestas das sandálias. Tivemos sede e bebemos numa bica, cansamos e sentamos contra uma árvore. A tarde, longa e lenta como um rio.

Cruzamos com o filho do capataz quase ao chegar às estrebarias e ao celeiro. Era um pouco mais velho, mas pouco, e, um tanto como guia, um tanto como subordinado, juntou-se a nós. E eis que estávamos no celeiro, e do alto de um jirau pulávamos, um de cada vez, sobre o monte de trigo que havia abaixo. Afundar no trigo é como afundar entre peixes frios e minúsculos, infinitesimais peixes que deslizam, e acolhem, e se infiltram. A roupa, os cabelos, tudo se enchia de grãos brilhantes que catávamos e atirávamos ao alto, logo voltando para a escada de madeira que nos levaria ao jirau e a novo salto. Voamos no trigo até a exaustão, e nos reviramos nele como se em água. Os riscos em cruz que assinalavam e abençoavam o monte fazia muito haviam desaparecido.

Começamos a ficar apreensivos no caminho da volta. Era tarde, Sonnina estaria nos procurando, o castigo era inevitável. Não só Sonnina estava nos procurando, como todos os empregados. Antes mesmo do banho, tivemos que passar pela repreensão na biblioteca. Mas quem mais sofreu, nas mãos do próprio pai, foi o filho do capataz, não apenas por ter criado um problema familiar, mas porque ele, bem mais do que nós, sabia da sacralidade do trigo, e a havia desrespeitado.

Tudo se ritualizava no campo, quando o campo era trabalhado pelas mãos. Aquele mesmo trigo que repousava sob o sinal da cruz havia sido celebrado ao fim da colheita e novamente quando da trilhagem. "Não se come sem pão!" voltaram a exortar os pais à mesa assim que o pão deixou de ser racionado. Talvez o italiano seja a única língua que tem uma palavra para designar tudo o que não é pão mas que com pão se come, *companatico*.

Num verão anterior ao jirau, havíamos ido a um almoço de *trebbiatura*, que é quando se batem as espigas para soltar os grãos, e se comemora ao redor da mesa, camponeses e donos da terra bebendo e comendo juntos. Uma casa grande como a de Gina — mas não da mesma cor —, uma família maior que a dela, e quantas crianças. Talvez fosse um dia particularmente quente, porque há uma luminosidade de ouro na minha lembrança, talvez fosse o pó das espigas que volteava no ar enquanto a velha máquina batia no meio do terreiro despejando os grãos por uma boca e a palha por outra, dupla cornucópia.

Ao ar livre, diante da casa — que mister é estar perto da cozinha —, haviam armado a enorme mesa em U, a toalha branca cintilava ao sol, litúrgica como um traje de noiva. E a comida começou a chegar, travessas e mais travessas trazidas altas nas mãos pelas mulheres da família, apregoadas com alegria, e recebidas em meio a exclamações. Não lembro dos pratos, na infância a comida parece sempre algo gratuito que simplesmente chega. Mas, já no Brasil, Manfredo me contou várias vezes qual a sequência dessas comilanças, das quais participava como jovem Pantagruel, tomando antes bicarbonato para dilatar o estômago e abrir mais espaço. Primeiro os *affettati* superpostos em escamas, vermelho sarapintado dos salames, rosado marmóreo dos presuntos, das mortadelas, das *coppe*. Depois, para gentilmente diluir o sal sobre a língua, o caldo de *cappone* — não era galinha, era castrado — com chicória. Calculando então que o estômago estivesse pronto para recebê-la, vinha a *pasta*, feita em casa. Havia sempre um bebê de peito que era passado de colo em colo para dar à mãe tempo de comer. Chegava a vez do *cappone* que havia servido para o caldo, agora passado no forno. Depois a carne, a verdura cozida temperada com azeite e limão. E a salada. O vinho enchia os copos, manchava a toalha. As crianças, que haviam abandonado a mesa para brincar, vinham comer a sobremesa no colo dos adultos, um ou outro adormecia. O almoço parecia não ter fim.

Naquele ano, uma lasca da finíssima palha cravou-se no meu joelho sem que eu percebesse. Inflamou no dia seguinte, pequena vermelhidão pulsante e quente. O sol havia-se metido debaixo da minha pele.

Se as borrachas existem

Antes que vestissem as palmeiras, voltamos para Roma. Sole Ridente trançou os cabelos, vestiu sobre a roupa o avental de mangas compridas, e novamente tomou cuidado para não deixar bater as portas, não esquecer luzes acesas.

Agora já não era uma índia pele-vermelha. Quando minha avó cumpria seu pequeno sono depois do almoço, eu era uma jovem russa. A grande *bergère* de veludo escuro era o meu trenó, os cavalos galopavam na noite, eu me cobria com a manta mas o frio era intenso, e os lobos uivavam, os lobos uivavam perseguindo o trenó na neve, já nos atacavam, eu estava prestes a sucumbir quando o meu amado chegava a cavalo e me salvava, os braços da poltrona eram os seus braços que me carregavam desmaiada. Mas a partir desse ponto não sabia mais continuar a brincadeira, então voltava ao trenó, os cavalos galopavam na noite, e os lobos uivavam, os lobos uivavam. Até minha avó acordar.

Acordada minha avó, ainda assim aquela casa mantinha partes mergulhadas no sono. Com meu tio ausente — só voltaria dos estúdios ao final da tarde — e Giuseppina na cozinha, minha presença de menina bem-comportada era insuficiente para despertar os sofás *capitonnés*, as estatuetas de Sèvres. Eu cobria meus passos de delicadeza como cobria minha roupa com o avental, para que não tilintassem os cristais nem me traísse o ranger do piso, enquanto atrás das portas fechadas as sombras expandiam seu domínio. Um cheiro morno de antigas poeiras e coisas guardadas me recebia se por acaso entrasse nos cômodos de pouco uso. Melhor então ficar próxima da minha avó, protegida por sua atenção e sua voz.

Naquelas tardes paradas que tão cedo recebiam a noite, ela me dava pequenas tarefas ou me ensinava a fazer roupas de boneca, sem que eu tivesse uma boneca do mesmo tamanho para vesti-las. Como se costurasse para um adulto, eu aprendia a fazer os moldes, riscá-los com giz sobre o tecido, alinhavar, e atender às minúcias do acabamento. Com a capa preta de um velho caderno fiz mínimos chapéus de abas largas, encimados por plumas de papel recortado e cacheado contra o fio da tesoura. E com linha de costura e dois alfinetões de chapéu tricotei uma echarpe estreita como uma fita.

À noite, depois do jantar, a biblioteca nos acolhia. As estantes revestindo as paredes, as lombadas de couro modulando o espaço em tantos tons de uma única cor eram útero rugoso que nos circundava iluminado ao centro pela única luz do abajur. Minha avó lia ou costurava, meu tio debruçava-se sobre livros de arte. A mim, desde que tivesse sido boazinha, era concedido um dos tantos volumes de história da moda.

Sentada na cadeira pequena que me era reservada, eu saboreava folha a folha minha pleonástica recompensa, livro grosso e pesado, coleção encadernada de antigas revistas de moda. Meus volumes favoritos eram os do século XIX, com as mulheres de crinolina, xales franjados, cabelos presos em bandós, os pés delicados como andorinhas despontando abaixo da grande roda dos vestidos de baile. Vida afora haveria de reencontrar aqueles figurinos, vendidos pelos buquinistas em folhas soltas para serem enquadradas, e cada vez me devolveriam ao prazer fundo e silencioso com que, um a um, passavam entre meus dedos no silêncio da biblioteca. Hoje não sei onde poderia dar com eles; junto com os outros livros e com tudo o que fez parte daquela casa migraram para outras mãos, acompanhando no leilão as fotos reais e a correspondência do meu avô, e cumprindo o estranho destino da família de não deixar nada para trás.

Sem nenhuma razão específica, havia noites em que eu recebia um prêmio suplementar. Além do livro, ganhava uma cereja conservada no álcool. Cerejas no álcool eram uma especialidade do meu tio, que as preparava no verão antes da primeira chuva — consabidamente responsável pelo verme no fruto — utilizando a qualidade mais firme e mais clara, encerrando-as nos grandes potes de vidro que eram em seguida inundados de álcool e lacrados, para serem consumidas só no inverno. Como Branca de Neve, as cerejas de carne pálida tocada de rosado dormiam no seu esquife transparente. Mas, quando o frio chegasse, nenhum beijo as traria de volta à vida.

Uma cereja curtida demora horas a consumir-se na boca, se não for mordida. Seu sabor de sol e de verão já não existe, perfumou o álcool, transmutou-se em puro calor que, sobre a língua, se expande acendendo o palato, preenchendo toda a boca. Nunca mordi minha cereja, a não ser no fim, como quando, extinto o fogo em uma lareira, reviramos as cinzas para aproveitar as últimas brasas.

Entrava-se no prédio da minha avó por um enorme portal de pedra no qual, a bem da verdade, não reparava — voltando a ele recentemente, a escrita Palazzo Lovatelli gravada no alto em belos caracteres romanos me comoveu como se eu visse uma antiga fotografia de família. Minha atenção de menina concentrava-se na portaria, pressentindo, antes de entrar, aquilo que eu sabia à minha espera: cheiro de madeira, e a grande gravura atrás da mesa do porteiro.

A gravura representava uma cena mortuária. Na cama enorme, magro corpo desenhado pelas dobras dos lençóis, soerguido e ao mesmo tempo tragado por tantos travesseiros, jazia de perfil o quase defunto, que talvez defunto já fosse. Ao redor, os familiares esmeravam-se em gestos teatrais de desespero, a jovem de cabeça baixa cobria os olhos com as duas mãos, a dama de busto arqueado para trás levava uma mão à testa e estendia a outra quase a afastar um espectro, o cavalheiro continha o sofrimento com o punho cerrado sobre o peito, as crianças agarravam-se às saias das mães, uma mulher estava atirada aos pés da cama, três ou quatro homens entreolhavam-se severos a um canto. Escritos embaixo, alguns versos de um poema. Memorizei apenas os quatro primeiros, não sei se por incapacidade de aprender o resto ou por ausência de continuação: "*Ei fu. Siccome immobile,/ dato il mortal sospiro,/stette la spoglia immemore/orba di tanto spiro*". São da "Ode ao Cinco de Maio", de Manzoni, que gerações e gerações de italianos foram obrigados a decorar na escola, e da qual eu teria escapado, não fosse a portaria. O defunto é Napoleão. Mas, incapacitada de reconhecê-lo sem o típico chapéu e a mão metida por dentro do colete, era para mim apenas um homem acabado que exalava seu último suspiro cada vez que eu abria a porta envidraçada. Nos poucos minutos em que minha avó ou meu tio recolhiam a correspondência trocando algumas palavras com o porteiro, eu dialogava em silêncio com a gravura, como se aquelas personagens feitas apenas de traço pudessem me revelar alguma coisa sobre o grande mistério da morte.

Graças a uma ligação invisível aos demais mas evidente para mim, o diálogo prosseguia quando da portaria avançávamos para o *hall* do elevador. Pequeno e circular, encimado por uma abóbada azul-celeste pintalgada de estrelas douradas, o *hall* era símbolo perfeito do espaço que acolheria o defunto.

Giuliana vinha quando meu tio preparava algum trabalho. Inseguro com seu próprio traço, havia anos lhe delegava as artes-finais dos figurinos. Era rósea, cabelos curtos alourados, óculos espessos de míope, quase gorda. De pouco dinheiro, continuava usando a suéter de angorá azul-celeste que havia sido sua única opção durante a guerra, e a cabeça cacheada emergia daquela mancha espumosa de cor como a de um anjinho barroco entre nuvens. Era, acima de tudo, cândida. Quantas pessoas realmente cândidas nos é dado conhecer? Eu só conheci essa. De quem via os outros rirem pelas costas, sabendo embora que havia algo de grandioso na facilidade com que se deixava enganar, no suave espanto com que acreditava em tudo que lhe dissessem. Não entendia a graça das piadas, a perversidade dos mexericos, o segundo sentido das conversas. O mundo era para ela uma moeda sem reverso. Não era tonta, trazia no DNA a pureza que enganosamente atribuímos às crianças, herdada de um pai igualmente aéreo e compartilhada com a irmã. O inesperado convivia com aquela família sem conseguir apagar seu sorriso.

Dividida entre a curiosidade e a sensação de culpa, eu ouvia os adultos comentando um ou outro fato da sua vida, como se apenas prestar ouvidos ao tom derrisório com que falavam dela fosse uma traição. Giuliana caía nos contos do vigário, perdia as coisas, era presa favorita dos punguistas, sentava-se sobre os óculos. Tudo parecia lhe acontecer, menos o amor.

No entanto, um dia, alguém havia se apaixonado por ela, ou dito que estava apaixonado. Vai fundo, estimularam os amigos, inquietos com aquela mansa virgindade. E ela, que acreditava em tudo e aceitava qualquer conselho, foi. Viveram juntos alguns meses, o tempo suficiente para ela queimar com o ferro de passar roupa as melhores calças dele. E para engravidar. De gêmeos, é claro, ou melhor, gêmeas, como se verificou depois. O pai foi embora antes mesmo da verificação, confessando ser casado. Uma das meninas partiu definitivamente logo depois. E Giuliana, doce, doce, acalentando a outra. Que durante a guerra por pouco não esqueceu num trem, embrulhada que estava em jornais para vencer o frio do inverno. Mas que sempre amou e protegeu com dedicação absoluta.

Boa arte-finalista, demorava porém a acertar os esboços, e eu, de pé ao lado da prancheta, a via apagar e refazer, e novamente apagar para tentar mais uma vez, e me alegrava pensando que os grandes também erram, que errar é permitido, o mundo não é tão intransigente se tolera a borracha.

Desenhava a lápis, repassava a nanquim, o desenho ganhando aos poucos consistência. Então espremia nas tigelinhas de louça as pequenas bisnagas de aquarela, molhava o pincel, e aos poucos as pregas, os panejamentos e babados daqueles trajes se alteavam, ondulavam, modulando corpos antes planos. Povoava-se a prancheta de damas, de guerreiros, de senhores togados, de um ou outro ancião. Gastava-se a tarde. Giuliana acendia a luz, a claridade rebatida pelo papel impunha novas sombras ao seu rosto, ela tirava os óculos para descansar, passava os dedos no cavalete do nariz, e eu via seus olhos subitamente pequenos e desamparados, mancha clara como um toque de aquarela entre as raras pestanas.

Nos momentos de repouso, entre um café e um copo de água, Giuliana desenhava figuras para mim, cirandas, bonecos, a recortar e colorir com os lápis de cor que, aparentemente à revelia do meu tio, me deixava usar. Nossa conversa era fácil e serena porque nada do que dizíamos tinha duplo sentido, nem era preciso achar graça em piadas que não entendêssemos. A vida tinha um lado só, e era bom.

Além de Giuliana para os figurinos, Veniero tinha um arte-finalista para os cenários. Era um arquiteto de quem não lembro rosto ou nome, porque raramente trabalhava no *atelier* da nossa casa. Vinha discutir os detalhes com Veniero, encontro a que eu nem assistia, e voltava alguns dias mais tarde, com as pranchas prontas. Às vezes, porém, por alguma urgência ou modificação, sentava-se à prancheta. E me era permitido ficar de pé ao seu lado, olhando. Em várias dessas ocasiões me entregou ao fim, como a cereja da noite na biblioteca, cenários para o meu teatrinho.

O teatrinho havia sido presente de Natal, mandado fazer por Veniero em um dos tantos carpinteiros que o atendiam. Uma grande caixa retangular de tampa deslizante servia duplamente de *container* e de base, na qual se encaixavam o proscênio com seu frontão triangular e a cortina de veludo vermelho, as coxias, os cenários. Na caixa também, as marionetes.

Marionetes modestas, mais justo seria dizer bonecos de gesso atados por um fio no alto da cabeça. Mas para mim e Arduino, perfeitamente eloquentes. Um conjunto veio com a caixa, outras fomos comprando. Mais tarde, já no Brasil, sem conseguir equivalentes, nossas marionetes foram de cartolina recortada e pintada, às vezes até vestidas.

Dos cenários feitos para nós pelo arquiteto lembro uma sala rococó, cheia de espelhos e volutas e cortinas, tudo pintado, e um bosque criado a pedidos, pois não há possibilidade de dramaturgia infantil sem um bom bosque.

Chegamos a fazer alguns espetáculos para um público de duas ou três pessoas na mansão do Parque Lage — entre elas meu primo Henrique Colasanti, então menino. Apresentei uma peça em casa de uma colega de colégio, no aniversário da irmã menor. E dei por encerrada a dupla atividade, minha e do teatrinho.

Já estudava pintura havia alguns anos, quando minha professora pediu o teatrinho emprestado, queria usá-lo em alguns quadros. Nunca mais fui buscá-lo. Mas, nas paredes de casas que desconheço, minhas marionetes mantêm viva até hoje sua tradição teatral.

No mesmo Natal do teatrinho, Arduino ganhou um cocar de chefe pele-vermelha. Veniero, arrependido desde o verão por ter submetido meu irmão à mesma vergonha vivida por Touro Sentado, destroçando em público suas armas de vareta de guarda-chuva, havia encomendado o cocar à alfaiataria teatral.

As grandes penas de peru, presas à tira alaranjada cheia de bordados tribais, erguiam-se à frente majestosas, descendo como uma cauda pelas costas. Qualquer pele-vermelha autêntico o teria desejado. Com toda a sua imponência, porém, o cocar chegava tarde. Destituído da sua tribo, privado da cor fornecida pela quadra de tênis, o grande chefe

Olhos de Águia, agora pálido, podia pavonear-se somente diante da pequena *squaw* de avental.

Naquele *réveillon* acreditei estar me despedindo da guerra. É costume na Itália — ou era — na noite do 31, jogar pela janela panelas amassadas, louças trincadas, desfazer-se do velho para receber o novo. Há sempre coisas de que queremos nos livrar. Nos últimos estertores de 1947 ainda havia resíduos de um passado que ninguém queria conservar em sua própria casa.

Acompanhando a barulheira de louças e panelas ouviram-se muitos tiros, uma ou outra rajada. Uma granada foi jogada na praça que eu atravessava para ir estudar, perto da janela de uma amiga da minha avó.

Tememos por ela. No dia seguinte soubemos com alívio que só os vidros da sua casa haviam recebido a explosão.

Meu tio trouxe a notícia para casa com o orgulho de quem deposita na mesa da cozinha caça abatida: havia sido convidado para fazer os figurinos de outro filme, *Fabiola*. Sem que pudesse prevê-lo, esse convite marcaria sua vida profissional para sempre, ligando-o a numerosos filmes sobre a antiga Roma, e culminando com o *blockbuster A queda do Império Romano*, de Anthony Mann, com Sofia Loren, Stephen Boyd, e Alec Guinness em um dos seus piores papéis. Veniero não chegou a saber, mas a verba espantosa posta à sua disposição pelo produtor Charles Bronston, que lhe permitiu entre outras coisas recriar o fórum em tamanho natural, era alimentada por um acordo entre Bronston e Franco. Interessado na proposta do americano de criar na Espanha uma nova Hollywood, o Generalíssimo havia se comprometido a pagar duas pesetas por cada dólar gasto para a filmagem. Mas tudo isso viria muito depois.

Com a chegada de *Fabiola*, o Império Romano perpetrou mais uma das suas tantas invasões que não ficaram registradas na história. Em poucas semanas, a prancheta, as conversas, a vida da família foram tomadas por homens de toga, jovens de *peplum*, matronas envoltas em mantos e drapejamentos. Mudamos o itinerário das manhãs de sábado; se antes meu tio costumava me levar para percorrer os antiquários, agora eu o acompanhava nos deslocamentos para estudar as esculturas e os bustos do Museu Capitolino, os baixos-relevos dos sarcófagos, dos frontões, dos arcos triunfais. E em casa acumulavam-se fotos, desenhos, livros, reproduções.

Giuliana passou a vir todos os dias, as borrachas se gastaram depressa. Veniero comprou um manequim articulado sobre o qual lançava tecidos para estudar o caimento. Uma grande dúvida perpassou a família: quantos metros teria uma toga? Pesquisas levaram à conclusão, seriam necessários cinco metros. E uma descoberta nos surpreendeu: teriam que ser de lã. Em escala, lãs eram drapeadas ao redor do manequim, buscando a maneira exata pela qual a toga se prenderia em si mesma, deixando livres os movimentos e passando afinal por cima do ombro ou do braço.

E havia as couraças. A melhor documentação estava nos baixos-relevos da coluna Trajana, que ao longo dos seus quase 30 metros de altura conta, em espiral, as duas guerras vitoriosas do Imperador Trajano contra os dácios. Fotos da coluna deitaram dácios e romanos sobre nossas mesas. Logo, da coluna de Marco Aurélio vieram mais legionários vitoriosos, e as tribos bárbaras do Danúbio se deitaram junto aos dácios — eu nunca mais passei indiferente por essa coluna que, na Piazza Colonna, é ponto axial do *centro storico*. E a opção final, depois de muitas pesquisas com armeiros e afins, foi fazer as couraças de couro prensado.

Quantos desenhos de sandálias romanas vi Giuliana traçar a partir dos esboços de Veniero! Quantos adereços. Guardado em uma caixa redonda na minha cômoda está um colar de pérolas brancas e cinzentas, algumas em gota, todas adoravelmente falsas, que a atriz Michelle Morgan usou no filme. Conservo também uma quase tiara dourada, de folhas bicudas, que primeiramente ornou os cabelos da diva na tela, e mais tarde, no Rio, os da minha mãe uma noite na Boate Vogue.

Aos poucos alterava-se nosso percurso dos sábados. Já não íamos estudar baixos-relevos, mas visitar artesãos. Um manto não é só um manto, é o manto e a fíbula que o prende. E lá ia meu tio, eu com ele, verificar o andamento das fíbulas. E das tachas metálicas dos escudos. E dos elementos de couro das armas. Sem esquecer de todo os antiquários, pois nos fundos das lojas, nas suas oficinas e depósitos, podem-se descobrir coisas e objetos preciosos, senão para o cotidiano, para o imaginário.

Giuliana na prancheta, meu tio na mesa em frente, debruçados os dois sobre folhas de papel ou material de pesquisa, a conversa deslizava de um detalhe de figurino para um fato da filmagem, de um mexerico colhido em Cinecittà, para uma exigência do roteiro, traçando aos poucos o avançar de duas histórias paralelas que eu colhia em fragmentos e me arranjava para costurar.

No roteiro, Fabiola, jovem patrícia romana, encontra por casualidade Rhual, o gaulês que vem a Roma sonhando tornar-se gladiador. É amor à primeira vista. Na vida real, Michelle Morgan, o olhar mais enigmático do cinema francês, casada com o ator americano William Marshall, encontra o belo Henry Vidal, seu par no filme. Se houve amor à primeira vista, não fiquei sabendo. Fabiola e Rhual são separados pelas circunstâncias. Michelle e Henry são jogados nos braços um do outro pelo diretor Alessandro Blasetti. As filmagens prosseguem. Na casa de Fabiola, Rhual torna-se gladiador do pai dela, a vida os reaproxima. No *set*, Henry começa a vencer o distante Marshall. Os cristãos se enfurnam nas catacumbas. Os atores se enfurnam nos estúdios. As duas histórias avançam para um final romântico. As conversas em casa se tornam mais claras, a história não é mais apenas um mexerico. Ainda em 48 Michelle pedirá o divórcio e se casará com Henry Vidal.

Durante mais algum tempo o império de Diocleciano, com as perseguições aos cristãos e os martírios na arena, continuou participando do nosso cotidiano. Sebastião, o mesmo que eu havia visto diariamente flechado na fachada do Duomo de Como, ressurgia agora de olhos azuis com o semblante do ator Massimo Girotti, capitão da Guarda Pretoriana, antes do martírio. Na prancheta, as catacumbas desenhadas pelo arte-finalista, tinham uma delicadeza de sombras acinzentas quase azuis, que em vão procurei depois nos sinistros refúgios subterrâneos dos cristãos. Aprendi muito sobre gladiadores. Mas o manequim articulado já não era necessário. Resolvidos os problemas de togas e caimentos, vivia nu em seu canto, mais parecido com Pinóquio do que com um cidadão romano. E, embora Giuliana continuasse vindo de vez em quando, as borrachas voltaram a durar longamente. Dessa vez, ninguém me levou a Cinecittá.

Não ia a Cinecittà, mas ia ao cinema. Além dos filmes de domingo com Arduino, ia às vezes ao cinema durante a semana com minha mãe, só ela e eu, programa duplamente sedutor porque quase pecaminoso. O pecado também vinha em dose dupla, ver filmes não exatamente infantis, e voltar de táxi. O táxi, considerado por minha avó um luxo excessivo em tempos de dificuldade, nos deixava antes da pracinha de casa para que ninguém nos visse, e nós cumpríamos a pé o último trecho quase encostadas uma na outra, unidas mais pela cumplicidade do que pelo frio.

Víamos gulosamente os filmes americanos de que havíamos sido privados por tantos anos. Dois ocuparam com mais intensidade meus pensamentos. Durante semanas remoí *A ponte de Waterloo*. Robert Taylor de capa, Vivien Leigh de capote, os dois apaixonados se olhando de perfil em meio à neblina e decidindo casar antes da partida para o *front*, eram de certa forma a versão romântica do casamento dos meus próprios pais. Do outro filme não lembro o nome, mas sei que o herói volta para casa cego quando já a amada desesperava de reavê-lo vivo e, para alcançar os braços que ela lhe estende, atravessa por uma passarela um abismo entre prédios. Hoje, com olhar crítico, pensaria que mais prático e mais seguro teria sido ela andar ao seu encontro. Mas não foi a cegueira que me impactou, foi a travessia. Criança ainda, não soube que o que me emocionava era visualizar meu futuro próximo, a travessia entre dois países e duas vidas, a fazer, como a idade me impunha, de olhos fechados.

Comprávamos ingresso para o balcão, que era mais barato. No meu cinema favorito o teto abria-se em dois no meio da projeção — quando é costume na Itália fazer-se uma pausa — e, recuando num estridor de ferragens, deixava sair a fumaça dos cigarros e entrar as estrelas. Não existe mais, esse cinema. Era localizado numa rua central e, quando nas minhas estadias em Roma passo diante daquele ponto, olho sempre, na esperança de que tenha reaberto, para que eu possa comprar um ingresso para o balcão, e esperar a projeção chegar ao meio.

Um tapete sob os pés

Havia na casa da minha avó um mágico lugar cheio de tesouros. Não chegava a ser um quarto de guardados, nem um *débarras*. Era um *ripostiglio*, espaço modesto debaixo de uma escada, quase caverna, fechado com uma porta de que apenas ela tinha a chave. Ali, tudo podia ser encontrado. Era meu tio precisar de um pedaço de renda antiga, de uma flor de veludo, de um fivela, ou perguntar por "aqueles botões de *strass*", e lá ia minha avó abrir o encantamento sem precisar dizer abracadabra.

Lá dentro, assim como as casas de certas cidades costeiras italianas se sobrepõem grudadas nas pedras, empilhavam-se caixas e mais caixas sem que se visse a estrutura que as sustentava. A lâmpada na ponta do fio lançava sombras e iluminava os tesouros que rapidamente surgiam e eram recolhidos enquanto minha avó realizava sua busca. Uma caixa maior podia conter uma peça de roupa envolta em papel de seda, assim como revelar caixas menores, reunidas por algum critério que só à dona pertencia. E ela me torturava sem saber, ao levantar a tampa, verificar que lá só estavam aquelas determinadas caixinhas, e fechar a tampa outra vez, sem ter-me deixado saber o que cada uma guardava no seu interior pequeno e imenso.

Se eu insistisse, delicadamente porém como o ambiente exigia, ela atendia meu pedido abrindo caixas que não havia considerado no seu percurso inicial e, contaminada pelo meu entusiasmo, entrava no jogo dos desvelamentos, aceitando atardar-se mais do que o previsto.

Nunca saí dessas visitas ao *ripostiglio* sem levar algum presente. Um relógio rodeado de marcassitas feito exclusivamente para encaixar na casa da lapela. Um antigo anel regional. Fitas para minhas roupas de boneca. Duas fivelas de prata para, algum dia, colocar em alguma sapatilha. Um broche em feitio de cesta de frutas. A gola de fustão branco bordado. Entre tantas pequenas coisas, sobressai em meu afeto um ovo de metal esmaltado, de poucos centímetros de altura, enfeitado por uma borla de seda, que com ligeira pressão abria-se ao meio, expondo dois minúsculos carretéis, espaço para agulhas, uma minitesourinha. Quando era mais moça, me explicou minha avó como se entregasse um segredo, levava-o na bolsa. Toda mulher tinha algo semelhante; se alguém pisasse na breve cauda do vestido longo, a dama entrava em um portão, e na sombra discreta consertava o estrago costurando a bainha. Fechou o ovo, pousou-o na palma da minha mão. E por um instante a vi como nas fotografias antigas ou nas páginas do livro de moda folheadas na biblioteca, senhora de outro tempo, com seu chapéu de pluma, a gola alta, a cinturinha apertada, a mão retendo a bolsa onde, como em um ninho, o mínimo ovo aguardava. Subitamente viva, a distância que minha avó havia percorrido desdobrou-se à minha frente.

Meus caninos relutavam em aparecer. Não era mansidão, era defeito odontológico. Fui levada ao dentista. Hoje, aparelho nos dentes e infância são quase sinônimos, mas naquele tempo a traquitana metálica surgia como moderna novidade, não despida de dor e de constrangimento. Uma vez por semana, sofrer, e, depois de cada sessão, um sorvete ou um doce, reparação insuficiente embora agradável. Os dentes envoltos em metal moviam-se de forma quase imperceptível, a boca feria-se por dentro.

Súbita, um dia chegou por carta a sentença. Marina, escrevia meu pai, não poderá vir ao Brasil, porque não há aqui dentistas especializados para levar adiante seu tratamento. Contrariando todas as minhas expectativas, eu ficaria em Roma. Não li essa carta, o conteúdo me foi transmitido por minha avó, folha de papel aéreo na mão, e reafirmado por minha mãe. A todos minha permanência parecia perfeitamente aceitável, manobra familiar corriqueira em que eu seria desenganchada como um vagão de trem que passa para outro trilho. Mas eu não era um vagão de trem, e decidi lutar.

Como luta uma menina de nove para dez anos contra a decisão do pai ratificada por toda a família? Escrevendo para o pai. E apelando para forças maiores. Minha avó era a única pessoa religiosa entre nós, sempre missa aos domingos, e na cabeceira da sua cama, preso com um alfinete, o raminho de oliveira abençoado que a cada ano renovava confiante. Pedi que me levasse à igreja onde havia uma imagem de Nossa Senhora de Lourdes — havia aparecido a uma menina, talvez atendesse a outra. No breve tempo com as ursulinas de Como eu havia aprendido o valor dos pequenos sacrifícios, os *fioretti* de São Francisco, que éramos estimuladas a imitar para salvar as almas dos pequenos incréus do Oriente, e que anotávamos em caderninhos de papel quadriculado costurados à mão, cada dia uma renúncia, cada dia, desenhada com lápis de cor, uma flor. Se pequenos sacrifícios podiam salvar almas tão distantes, um sacrifício maior certamente conseguiria me levar até o Brasil. O que a imagem de branco e eu nos dissemos, só a nós pertence. Mas diante da pequena gruta artificial prometi, não como pagamento, e sim como oferecimento, deixar de comer sobremesa até que me fosse consentido viajar.

Giuseppina, penalizada, insistia comigo que uma fruta, um pedacinho de torta não fariam diferença. Mas eu sabia o valor do que havia prometido, e a olhava como um Santo Antão no deserto diante das tentações.

Se o meu sacrifício foi recolhido por quem de direito, impossível saber, mas seu efeito na esfera terrestre foi certeiro. Passados alguns meses, Manfredo mandou subitamente um telegrama comunicando ter encontrado um bom dentista, haveria Brasil para mim também. Só soube a verdade muitos anos mais tarde, quando ele mesmo me contou, alegremente, sem se dar conta do peso que me entregava. Nunca houve falta de dentistas, fora uma justificativa inventada por ele para deixar-me definitivamente com minha avó, que me amava e de quem eu era a única neta. Seria uma espécie de presente, eu lhe faria companhia quando o resto da família tivesse ido embora. A ideia fora reconsiderada devido às notícias da minha tristeza, ou da minha determinação. Manfredo não me disse se minha mãe estava a par da manobra. E eu não perguntei, porque havia escolhido acreditar que não.

Data dessa época, aproximadamente, o meu caderno marrom. É fino, folhas haviam sido arrancadas anteriormente, talvez por Veniero que o deu a mim. É um caderno colonial. Traz impresso no alto da capa, "Colonie d'Italia" e, abaixo, "Eritrea". Mas, no meio, a foto colorida e redonda é de Mogadíscio, *sbarco di merci* (desembarque de mercadorias). O que terá essa paisagem ordenada — edificações claras ao fundo, em primeiro plano embarcações sobre um mar sem ondas, e homens de sacos às costas — a ver com a atual cidade sem lei, império de piratas? A foto de Mogadíscio, capital da Somália, no caderno dedicado à Eritreia, quer lembrar a extensão do império colonial italiano. O restante da capa, cercada por um friso decorativo, é ocupado pelo desenho de uma paisagem na qual inutilmente procurei algo ligado à minha identidade: uma espécie de savana, uma palmeira e uns arbustos, uma cabana a um lado, e dois pastores envoltos em mantos conduzindo seu rebanho de ovelhas. No extremo canto esquerdo, a mensagem eloquente: um escudo e uma lança tribais meio encobertos pelo emblema real italiano e por um capacete de explorador.

A contracapa traz a história da Eritreia, começando em 1869 quando, ao mesmo tempo em que estava sendo aberto o Canal de Suez, um industrial italiano, Rubattino, "adquiriu um trecho de costa próximo a Assab, nas vizinhanças do Estreito de Bab-el-Mandeb, passagem entre o Mar Vermelho e o Golfo de Aden". A partir do momento em que o governo italiano tomou o lugar de Rubattino, o pé colonizador estava fincado. Dentro do espírito da época, tudo parece muito justo e digno. "A Itália" — assim começa o texto — "foi quase a última a entrar na divisão das terras extraeuropeias."

No lado interno da quarta capa, olho o mapa da Eritreia: onde agora é Djibuti, na costa do Mar Vermelho, lê-se "Costa Francese dei Somali", o Sudão está identificado como "Sudan Anglo Egiziano". Meu caderno tornou-se peça histórica. Nele estão minhas poesias de menina.

Eu havia ganho uma caneta-tinteiro com a pena de vidro, não em feitio clássico de pena, mas espiralada e terminando em ponta, como um daqueles sorvetes que saem de torneira. Era linda. Só tinha um problema, se caísse quebrava. Há anos não deixo cair uma caneta, mas as mãos infantis são mais apressadas, e volta e meia era preciso levar a caneta para trocar a pena. Não deve ter sido com ela que escrevi no caderno marrom. A letra cuidada, sem rasuras, as letras maiúsculas iniciando os versos me dizem que fazia rascunho. Assinava embaixo. Passados alguns meses, incrementei as páginas com uma pequena ilustração posta ao pé. Visivelmente, retornava sobre o trabalho. Passados muitos meses mais, para livrar minha cara do julgamento dos pósteros, acrescentei: "*Critica... .....(anni 9) Roma*", e inscrevia a valutação: "*fiacca*", "*veramente bella*", "*ben inquadrata*". Depois, não querendo induzir ninguém ao equívoco, completei na margem , antes de *Critica*: "*propria*".

Eu escrevia no caderno marrom, e o Brasil ia se aproximando. Fomos ver *Saludos Amigos*, eu e Arduino ávidos, tentando saber que país era esse que nos esperava. Disney não nos mostrou muito, ou nos mostrou aquém da nossa curiosidade. O Lago Titicaca, os Andes, os pampas, nada disso estava no nosso rumo. E, embora Zé Carioca fosse simpático, sabíamos que papagaios de camisa listrada não andam pelas ruas do Rio.

Minha avó, que havia estado aqui várias vezes na década de 20, me contava coisas surpreendentes, falava de mantas de carne penduradas ao sol diante da porta das vendas, dizia de insetos. E fez questão de me fornecer um conhecimento útil. "*Quando sarai in Brasile*", me disse mais de uma vez, "*di sicuro vorrai una spremuta d'arancio. Loro ti chiederanno*: 'Com casca ou sem casca?', *tu rispondi* 'Sem casca', *perché altrimenti, con la buccia, viene amara.*" (Quando você estiver no Brasil, certamente vai querer tomar um suco de laranja. Eles vão te perguntar: 'Com casca ou sem casca?', você responda 'Sem casca', porque senão, com a casca, fica amargo.) Decorei a lição aplicadamente, já não seria tão estrangeira.

Mas o cuidadoso preparo foi inútil; por mais que eu a esperasse, ninguém no Brasil me fez a única pergunta para a qual eu tinha resposta.

Sabíamos, através de uma carta de nosso pai, que a mansão do Parque Lage, onde iríamos morar inicialmente, ficava "bem debaixo da mão do Cristo". Sem ter qualquer referência geográfica, sem saber da altura do Corcovado, eu me perguntava como seria isso de uma casa debaixo de uma mão gigantesca, quase como se debaixo de mais um teto. Estaria protegida da chuva?

Arduino e eu, cheios de indagações, fantasiávamos. Será que vai dar para andar de bicicleta no jardim, ou as cobras se enroscam nas rodas?

Nascidos cada um num canto — meu irmão em Livorno, na Toscana, e minha mãe em Parma —, não era fácil naquele tempo de burocracias e documentações destroçadas fazer o passaporte. Minha mãe viajava de uma a outra cidade, nós acompanhávamos vagamente os avanços. Tudo deveria estar pronto em dezembro, planejávamos passar o Natal ao sol. Porém dezembro chegou e se foi deixando-nos no mesmo lugar. O Brasil imaginário agigantava-se na espera.

Veniero, que também havia estado no Rio para o casamento de tia Gabriella, divertia-se alimentando nossas fantasias. Contava de frutas exóticas, exagerava o gosto dos abacaxis, detalhava as delícias das bananas. Bananas não eram novidade para nós, na África faziam parte do nosso cardápio, mas desde então a memória do gosto se fora, deixando apenas o desejo. E um dia, para satisfazê-lo, quase antecipando a viagem que demorava a se concretizar, nossa mãe nos trouxe exatas duas bananas. Depois de tantos anos de ausência devido à guerra, a fruta tropical por excelência voltava à Itália caríssima, um luxo. Já quase anoitecia, breve Arduino regressaria ao colégio. Sentados os dois no chão junto à janela, sozinhos no quarto da minha avó, empunhamos as bananas como um troféu, o amarelo suave impondo um toque de luz na penumbra. As descascamos lentamente, as comemos mais lentamente ainda. Mas uma banana acaba depressa por mais que se demore, e lá estávamos nós, cascas na mão, ainda desejosos e agora sem fruta e sem toque de luz. Parecia tão gorda aquela casca. Sem hesitar, raspamos as cascas com os dentes, até deixá-las transparentes. E nenhum dos dois se queixou do gosto.

Os preparativos avançavam. Uma tarde nos levaram a um estúdio fotográfico, tirar fotografias para o passaporte. Arduino de paletó e gravata, eu de cabelo preso no alto, vestido de florezinhas, gola branca bordada. Duas crianças europeias bem-comportadas que viajariam incluídas no passaporte da mãe, dois rostos pequenos a serem aplicados de cada lado da foto central, jovem mulher de 35 anos, *foulard* no pescoço, olhar confiante, mais uma vez pronta para pisar outro chão.

Depois houve uma tarde em que fomos encomendar pijaminhas e robes em uma loja bonita em Via Del Tritone. E aquela outra em que escolhi — não, não fui eu que escolhi, escolheram para mim e eu gostei, a escolha das minhas roupas não me era consentida — a saia de fina lã azul-marinho e a camisa de crepe branco com que viajaria. Fazia frio, em Roma, o inverno ainda não acabava, eu me senti quase despida provando a camisa tão leve. Usaria ainda o capote, mas já estávamos nos preparando para o sol do Rio.

E, no Rio, Manfredo, inquieto quanto à segurança do avião para o qual já havia comprado as passagens, fez uma promessa: se chegássemos bem, subiria a escadaria da igreja da Penha. Penso nisso toda vez que passando de carro vejo a igreja ao longe, encarapitada no alto do seu monte. Não posso evitar um duplo sentimento de culpa e ironia. Culpa, porque ele não cumpriu a promessa. E ironia, porque meu pai nunca foi religioso.

Afinal, o dia da viagem chegou.

Malas, saída de casa, despedida comovida da avó e do tio, carro até o aeroporto, nada disso teve importância para mim. Estava tão voltada para o devir, tão apressada para chegar, que tudo o mais desaparecia ao meu olhar. Quando busco imagens daquela tarde, sou remetida diretamente ao aeroporto, juntos nós três em algum ponto impreciso, parados como em um fotograma. É a minha última visão de guerra.

Como em uma ruína ou reconstrução, como em um acampamento, tudo era precário, tudo era provisório, pó e cimento, tijolos empilhados, resíduos amontoados nas áreas sem uso, cavaletes impedindo passagem. O aeroporto, como os passageiros, viajava rumo a tempos melhores, mas demoraria a chegar. Em contraste, a elegância da minha mãe, com seu *tailleur* cinturado, de pelerine e chapéu, sentada debaixo da lâmpada nua pendente pelo fio, parecia deslocada, alheia àquele lugar. A espera foi longa e tensa, calada. Talvez fosse assim, pensei, no abrigo antiaéreo onde nunca havia estado.

Até que fomos chamados, e logo, pela mão da mãe, caminhávamos sobre a pista metálica. Os passos ecoavam. Sei hoje que eram placas de aço perfurado, solução americana para gerar novas pistas após o desembarque na Normandia. Naquele momento, porém, o que havia debaixo dos meus pés era uma espécie diferente de tapete, estendido para levar-me até o Constellation cintilante que, pousado adiante com suas quatro hélices, esperava por nós.

Não eram só poesias que eu escrevia no caderno marrom. Também redações, encomendadas por minha avó e meu tio quando me viam desocupada. Entre elas, "A minha próxima partida para o Brasil":

"Parto para o Brasil em dezembro, e estou muito contente, mamãe está preparando o passaporte e daqui a aproximadamente dois meses viajamos. Sinto muito deixar a Itália, minha avó, meu tio, as amizades e tantas outras coisas, mas lá longe está meu pai, um belo futuro, uma casa. E além disso é preciso levar em conta que só tenho dez anos, e na minha idade é sempre uma atração uma viagem de avião, se bem que eu preferia uma travessia de navio, veria a paisagem, pararia em tantas cidades para mim desconhecidas. Dizem que o Brasil é um pais fabuloso onde se encontram enormes plantações de algodão que cobrem como um manto de neve o chão, os grandes campos de café ondulantes ao vento e os grandes bambuzais povoados por gigantescos bambus. Lá se encontram as cobras, os macacos e outros animais terríveis, as laranjas enormes, as bananas maduras, os vermelhos ananases, as tâmaras polpudas. Há homens de todas as raças, chineses, japoneses, hindus e muitíssimos negros. Tudo isso é atraente, pitoresco, estou contente de ir para lá, para ver todas essas maravilhas, para viver daquela alegria de que todos vivem, para abraçar meu pai, para não deixá-lo mais partir, para estar sempre com ele. Daqui a alguns anos voltarei para a Itália, serei talvez quase uma moça, e as minhas amigas, como eu, terão crescido, e nos encontraremos tão mudadas, e nos surpreenderemos de estar tão grandes."

Este livro foi composto na tipografia Minion, em corpo 12/17, e impresso em papel off-white 80g/m² no Sistema Digital Instant Duplex da Divisão Gráfica da Distribuidora Record.